Das Kochbuch Südliche Weinstraße

– Genuss zwischen Reben, Burgen und Pfälzerwald –

Peter Hemmler

LandFrauenkreisverband Südpfalz

ISBN 978-3-86037-562-4

1. Auflage

©2014 Edition Limosa GmbH
Lüchower Straße 13a, 29459 Clenze
Telefon (0 58 44) 971 16-10, Telefax (0 58 44) 971 16-39
mail@limosa.de, www.limosa.de

Redaktion:
Peter Hemmler

Lektorat / Korrektorat:
Doreen Rinke, Ulrike Kauber

Satz und Layout:
Zdenko Baticeli, Lena Hermann

Unter Mitarbeit von:
Britta Arndt, Martina Grocholl, Karin Monneweg

Medienberatung:
Peter Hemmler

Gedruckt in Deutschland

Peter Hemmler
LandFrauenkreisverband Südpfalz

Das Kochbuch
Südliche Weinstraße

Genuss zwischen Reben, Burgen und Pfälzerwald

Geschichten und Erzählungen

Frühling auf dem Rathausplatz Landau

Inhaltsverzeichnis

Wenn nicht anders vermerkt,
sind alle Rezepte für vier Personen ausgelegt.

Sonnenblumen sind oft an Wegesrändern der Weinberge zu sehen.

Über den Autor

Faszination und Erfolg hinsichtlich dem Erstlingswerk »Das Vorderpfalz Kochbuch« haben den Autor überzeugt, ein weiteres Werk in der Reihe der Heimat-
kochbücher im Verlag Edition Limosa zu realisieren. Die Begeisterung für die
Südliche Weinstraße mit ihrer unvergleichlichen Landschaft und den schmackhaften regionalen Produkten sowie Kontakte zu lieben Menschen und Kollegen
bilden die Grundlagen für das neue Werk.

In Manderscheid (auch Perle der Eifel genannt) ist der Autor geboren und auf-
gewachsen. Nach seiner Ausbildung zum Restaurantfachmann und Koch im
Park-Hotel Traben-Trarbach folgten Wanderjahre quer durch Deutschland. Erste
Führungsaufgaben übernahm er als junger Mann in einem Harzer Ferienhotel.
Nach vielen Stationen mit unterschiedlichen Aufgaben in der Stadt-, Ferien- und
Kurhotellerie folgte in Berlin eine besonders lehrreiche Phase im Berliner Bristol
Hotel Kempinski.

Anfang der 1980er Jahre folgte er dem Ruf der Hotelgruppe Accor nach Hamburg. Dort wurde ihm die Direktion eines ibis Hotels übertragen. Es war eine
spannende und erfolgreiche Zeit, auch im Hinblick darauf, in einer der schönsten Städte Deutschlands leben und arbeiten zu können. Hinzu kam, dass in
dieser Zeit seine Tochter (1983) und sein Sohn (1987) geboren wurden. Anfang
der 1990er Jahre kam Peter Hemmler in die Metropolregion Rhein-Neckar und
wurde in dieser Region beruflich und privat sesshaft.

Seine Selbstständigkeit begann er in der Dom- und Kaiserstadt zu Speyer, zusammen mit seiner zweiten Frau. Beide führten ein bekanntes Hotel mit Weinstube namens »Trutzpfaff«. Später führten sie den historischen »Landgasthof
Zum Engel«, vor den Toren Speyers, in Römerberg, zu neuem Erfolg. Regionali-
tät und Frische war das gemeinsame Credo – sowohl bei den Speisen, als auch
bei den Getränken. Eine Erkrankung führte zur Aufgabe der Selbstständigkeit.
Zahlreiche Interessen und Hobbys sowie seine ehrenamt-
liche Tätigkeit als Ehrenvorsitzender im DEHOGA Kreisver-
band Speyer-Germersheim fordern den heute 61-jährigen
Rentner im Alltag.

Peter Hemmler

Vorwort der LandFrauen

Die Südliche Weinstraße hat viel zu bieten. Die Pfalz besitzt ein außergewöhnlich mildes Klima, in dem nicht nur der Wein gedeiht, sondern auch Salat und Gemüse aller Art. Selbst Mandel- und Feigenbäume, Kiwis und Zitronen fühlen sich hier wohl.

Dass die Pfälzer feiern können, ist klar, dass sie ihren Wein, ihre Feste und Traditionen lieben, auch. Denn die Pfälzer sind Genießer. Hier wird noch mit Liebe, einer gehörigen Portion Kreativität und frischen Produkten aus der Region gekocht. Kein Wunder also, dass LandFrauen-Rezepte gerade einen wahren Boom erleben.

Der Vorstand des LandFrauenkreisverbandes Südpfalz hat mit engagierten LandFrauen aus 56 Ortsvereinen die besten LandFrauen-Rezepte gesucht, zusammengetragen und in diesem Buch veröffentlicht.

Die LandFrauen in der Südpfalz schaffen den Spagat zwischen Tradition und Moderne, zwischen Kochen und Computer, zwischen Tracht und Jeans. Wir machen Frauen stark.

Wir wünschen viel Freude mit dem Kochbuch und ganz viel Spaß beim Ausprobieren!

Birgitta Kuntz
Kreisvorsitzende, LandFrauenkreisverband Südpfalz

Gerda Winkelmann
Geschäftsführerin, LandFrauenkreisverband Südpfalz

Birgitta Kuntz, Vorsitzende
im LandFrauenkreisverband Südpfalz

Grußwort der Landrätin

Sehr geehrte Damen und Herren,

mit dem Wort »Genussregion« lässt sich die von acht Urlaubsgebieten geprägte Südliche Weinstraße trefflich beschreiben. Genießer leben hier, und Genießer aus aller Welt kommen hierher, um an den Köstlichkeiten der Region teilzuhaben.

Was es hier zu erleben gibt – reizvolle Landschaften, einmalige Kulturschätze, wunderbare Weine und eine variantenreiche Küche – ist in diesem Kochbuch nachzulesen. Als »Heimatkochbuch von den Menschen in der Südpfalz für deren Bewohner und Besucher« will der Herausgeber Peter Hemmler diese wahrhaft Appetit auf die Region machende Sammlung verstanden wissen. Dank für ihre Mitwirkung gebührt den LandFrauen und den zahlreichen Autorinnen und Autoren.

Es macht Freude, in diesem Buch zu blättern, sich von den Bildern inspirieren, von den Geschichten über Land und Leute anregen zu lassen und vor allem die nicht alltäglichen und doch regionaltypischen Rezepte kennenzulernen.

Alle Leserinnen und Leser möchte ich dazu anregen, das eine oder andere dieser Rezepte selbst auszuprobieren – und sich den Geschmack der Südlichen Weinstraße buchstäblich auf der Zunge zergehen zu lassen. Wohl bekomm's und guten Appetit! Und: immer herzlich Willkommen bei uns an der SÜW.

Ihre

Theresia Riedmaier
Landrätin

**Theresia Riedmaier,
Landrätin Kreis Südliche Weinstraße**

Grußwort des Oberbürgermeisters

Sehr geehrte Damen und Herren, liebe Kochfreunde und Genießer!

Dass wir hier in Landau und an der Südlichen Weinstraße in einem kleinen Paradies leben, hat sich mittlerweile herumgesprochen. Selbstverständlich verbinden wir die Vorstellung vom Paradies stets mit einem feinen Tropfen Wein und einer guten Mahlzeit im Kreise von noch besseren Freunden. So möchte ich Sie gerne einladen, unser schönes Fleckchen Erde von seiner kulinarischen Seite näher kennenzulernen.

Sie werden recht bald spüren, unsere Küche in der Südpfalz ist ebenso von herzhaft deftigen Speisen, als auch von locker leichten Spezialitäten mit mediterranen Einflüssen geprägt. Wir waren eben über 130 Jahre französisch und etwa genauso lange bayerisch. Dies hat Spuren hinterlassen, Kulturen geprägt, unsere Stadt Landau und die Region verändert.

Landau als Stadt im Herzen der Südpfalz, auch Universitäts-, Schul-, Wein-, Garten-, Einkaufs- und Kulturstadt geizt nicht mit ihren Reizen. Umgeben von fruchtbaren Feldern der Rheinebene, den sanften Hügeln der Südlichen Weinstraße und der malerischen Kulisse unserer Pfälzer Berge mit ihren stattlichen Burgen, bieten wir genießenden Feinschmeckern bleibende Erlebnisse. So haben Saumagen, Bauernbratwürste, Fleischklößchen (Fläschknepp), die unnachahmliche Pfälzer Dampfnudel, eine Kartoffelsuppe mit Zwetschenkuchen (Grumbeersubb mit Quetschekuche – wird bei uns zusammen genossen!), Pellkartoffeln mit Quark (Gequellde mit weiße Kees) oder ein unübertrefflicher »Handkees mit Musik« hier ebenso ihren Platz wie die inzwischen unzähligen Kreationen der ambitionierten Küche. Beides gleichberechtigt nebeneinander, sich ergänzend und eben nicht ausschließend, das macht den besonderen Reiz unserer Gegend aus. Was sowohl der deftigen als auch der verfeinerten Küche eigen ist: die Verwendung frischer regionaler Produkte von höchster Qualität. Ich wünsche Ihnen nun viel Spaß beim Kochen, Backen, Ausprobieren und vor allem Genießen. Zum Wohl und guten Appetit!

Herzlichst
Ihr

Hans-Dieter Schlimmer
Oberbürgermeister der Stadt Landau in der Pfalz

Die Südliche Weinstraße – ein Mekka für Genießer, Weinkenner und Aktiv-Fans

Von Uta Holz, Südliche Weinstrasse e.V., Zentrale für Tourismus

Die Südliche Weinstraße liegt im Süden der Pfalz; sie geht vom Deutschen Weintor an der Grenze zu Frankreich bis nach Maikammer im Norden und von Rinnthal im Pfälzerwald bis Herxheimweyher in der Rheinebene. Die acht Urlaubsregionen Annweiler, Bad Bergzabern, Edenkoben, Herxheim, Landau, Landau-Land, Maikammer und Offenbach laden das gesamte Jahr über zu Festen und Veranstaltungen rund um die Traube und andere kulinarische Themen ein.

Die Region entlang der Deutschen Weinstraße gilt als Paradies für Weinkenner, denn sie ist nicht nur Teil des weltweit größten Riesling-Gebiets und des größten Rotwein-Gebiets Deutschlands, sondern bietet mit ihrer Rebsorten-Vielfalt für jeden Geschmack den passenden Tropfen. Besonders für ihre Burgundersorten ist sie bekannt.

Neben dem Wein erwartet Gäste eine Landschaft aus sanft geschwungenen Weinbergen, grünen Wiesen und Bachläufen. Der stattliche Pfälzerwald lockt mit seinen Burgen und kleine malerische Orte laden zum Einkehren ein. Mit über 1800 Sonnenstunden im Jahr wachsen und gedeihen an der Südlichen Weinstraße neben Südfrüchten wie Trauben, Zitronen, Feigen, Kiwis, Melonen und Pfirsichen auch Mandeln, Rosen und erstklassiger Tabak. Übernachten lässt es sich in Sterne-Hotels genauso wie in gemütlichen Pensionen, beim Winzer oder ganz romantisch in den Schlössern entlang der Südlichen Weinstraße.

Hier ist man gern zu Gast. Das liegt an dieser Region, in der eine bemerkenswert eigenständige und reichhaltige Küche zuhause ist. Und das liegt an den Menschen hier, deren Liebe zu gutem Essen und Trinken sprichwörtlich ist. Keinem, der hier anreist, bleibt das verborgen. Und alle nehmen gerne Anteil an dem Vergnügen. Dabei ist es gleich, ob man an einem derben Tisch oder einer feinen Tafel Platz nimmt. Ob dampfende »Fläschknepp« mit Meerrettich vor einem stehen, zusammen mit einem knackigen, trockenen Riesling, oder ob gefüllte Wachteln mit Kastanienhonig und Rosmarin serviert werden, zusammen mit einem leicht restsüßen, edlen Gewürztraminer. Der Pfälzer macht da keinen Unterschied. Er schätzt beides gleich hoch – vorausgesetzt es ist gut.

Aufgang zur Burg Trifels bei Annweiler

Die Gastronomen der Region richten sich nach einem »kulinarischen Jahreskalender«, so dass stets frische, saisonale und regionale Produkte verwendet werden. Restaurants, Weinstuben und Gastwirtschaften offerieren zu jeder der vier Jahreszeiten besondere Gerichte und Menüs. Es beginnt mit dem »Köstlichen Frühling«, wenn Salate, Löwenzahn, Frühlingszwiebeln und die ersten Erdbeeren zusammen mit Rhabarber auf der Speisekarte stehen. Anfang Mai kommt dann der Pfälzer Spargel dazu. Beim »Lukullischen Sommer« werden Sommerfrüchte aus heimischer Ernte wie Kirschen, Melonen und Feigen aufgetischt – dann kommen wahrlich südländische Gefühle auf. Der »Kulinarische Herbst« mit seinen Kastanien, Kürbissen, Pilzen und Wildgerichten in Begleitung von Federweißem oder Spätburgunder ist für Genießer meist der kulinarische Höhepunkt des Jahres. Die Gans ist spätestens zum Martinstag auf der Speisekarte präsent – und das nicht nur im Weinort St. Martin. Im »Genüsslichen Winter« gibt es dann Desserts aus Mandeln, Walnüsse und die ersten reifen Pfälzer Kiwis zu probieren.

Zur besonderen Lage der Südpfalz gehört die unmittelbare Nachbarschaft zum Elsass. Mit der wechselvollen Geschichte wechselten auch die Küchenkünste sowie ein gutes Stück Lebensart herüber und hinüber. Die Lust auf hausgemachte »Schweinereien« wie Blut- und Leberwürste, Schwartenmagen, Kesselfleisch und den köstlichen Bäckeöffe-Eintopf verbindet uns ebenso wie das köstliche Weinkraut, die geschätzten Gemüseeintöpfe und cremigen Suppen sowie die geliebten Flammkuchen und zimtduftende Rahmkuchen.

Unter den Spezialitäten unseres Landstrichs haben es einige zu Weltruhm gebracht. Der Saumagen zum Beispiel. Das hätte er gewiss nie, wenn sich hinter dem groben Wort und der rustikalen Form nicht außerordentliche Qualitäten verbergen würden. Schon die bürgerlichste Variante ist eine fein gewogene Mischung aus frischem Schlachtfleisch, Bratwurstfülle, Eiern, Zwiebeln, Petersilie und guter Pfälzer Kartoffel. Kräftig gewürzt mit Knoblauch, Pfeffer, Muskat und reichlich Majoran. Man begegnet ihm aber auch in den allerersten Häusern, variiert und verfeinert etwa mit Maronen oder schwarzen Trüffeln. Gleich wie, man sollte sich diesen Genuss nicht entgehen lassen.

Wer die Südpfalz und ihren Reichtum kennenlernen will, der gehe auf Entdeckungsreise. Durch die unzähligen, kleinen Weinstuben, durch die vielen Restaurants und in die mit Sternen und Mützen ausgezeichneten Tempel der Gourmets. Er versäume auch nicht in die Keller der Winzer zu steigen oder das üppige Angebot der Obst- und Gemüsebauern zu würdigen. Viele unserer Besucher werden angezogen von der malerischen, südlichen Landschaft und vom rauen Charme der Bewohner. Die heiße Liebe jedoch, sie geht nicht selten durch den Magen.

Zur Stadt Landau finden Sie im Buch zahlreiche interessante Informationen. Beiträge finden Sie unter anderem auf den Seiten 34, 40 und 56.

Auch so kann man die Südliche Weinstraße kennenlernen.

Winzersalat

Von Wiltrud Rinck, Steinweiler

Am Vortag

200 g mittelalter Gouda	entrinden, in 2 cm breite und 4 cm lange Streifen schneiden, mit
100 ml trockener Sherry	vermischen und mit Folie abgedeckt über Nacht durchziehen lassen.
100 g Mortadella	in 2 mm dünne Scheiben schneiden und würfeln.
125 g dunkle Trauben	sowie
125 g helle Trauben	halbieren und entkernen.
1 Honigmelone	halbieren, Kerne und das weiche Innere entfernen. Das feste Fruchtfleisch mit einem Kugelausstecher herauslösen. Den Käse abtropfen lassen, dann mit Mortadella, Weintrauben und Melonenkugeln in einer Schüssel mischen.

Dressing

125 ml Sahne	halbsteif schlagen, mit
50 g Mayonnaise	und
2 TL Sherry-Essig	verrühren.
2 TL eingelegter grüner Pfeffer	abtropfen lassen, nicht zu klein hacken und hinzufügen. Das Dressing locker unter die Salatzutaten mischen und den Salat 30 Minuten im Kühlschrank ziehen lassen.

Gleiszellen – vom Waldesrand der Haardt betrachtet

Quiche lorraine

Von Theresia Riedmaier, Landrätin des Landkreises Südliche Weinstraße

Aus der Historie: Die Quiche ist eine französische Spezialtät, ursprünglich aus Lothringen stammend und vom elsässischen »Kichel oder Kuechel« abgeleitet – was dem Wort Kuchen entspricht. Es handelt sich dabei um eine Tarte, in runden, flachen Formen gebacken, mit unterschiedlichen würzigen Füllungen. In der Südpfalz ist die Quiche, bedingt durch die Nähe zu Frankreich, fest im Speisenplan verankert.

250 g Mehl	mit
½ TL Backpulver	
1 Ei	
¼ TL Salz	sowie
125 g kalte Butter	zu einem Mürbeteig kneten und an einem kühlen Ort 30 bis 60 Minuten ruhen lassen. Danach ausrollen und in einer gefetteten Springform auslegen, den Rand hochziehen und andrücken. Mit einer Gabel kleine Löscher einstechen und nochmals kalt stellen. Den Ofen auf 180 °C vorheizen.
150 g Kochschinken	und
150 g Schwarzwälder Schinken	in kleine Stücke schneiden.
1 Zwiebel	schälen, würfeln, mit dem Schinken nacheinander anbraten und vermischen.
4 Eier	mit
250 ml Sahne	verquirlen und mit
Salz, Pfeffer, Muskat	würzen. Die Schinken-Zwiebelmasse auf dem Mürbeteigboden verteilen, die Eier-Sahne dazugießen und in den heißen Ofen schieben, damit die Masse stockt. Nach 20 Minuten
150 g geriebener Emmentaler	darüberstreuen und weitere 10 Minuten backen.

13

Als Vorspeise für 8 Personen, als Hauptspeise für 4 Personen geeignet. Für eine kleine schnelle Mahlzeit, wenn die Zeit knapp ist, kann man kann die Quiche als Stücke gut einfrieren und wieder aufbacken. Je nach Jahreszeit servieren Sie knackig, frische Salate der Saison dazu und einen halbtrockenen Silvaner oder im Herbst einen Federweißen.

Das hungrige Hühnervolk

Eier-Lachs-Salat

Von Ilse Beck, Klingenmünster

2 Eier	hart kochen, schälen und fein hacken.
80 g Räucherlachs	in feine Streifen schneiden.
1 Zwiebel	schälen und fein würfeln.
2 EL Mayonnaise	mit
3 – 5 EL Gurkenwasser	sowie
½ TL Currypulver	cremig rühren. Dann alle Zutaten vermischen und mit
Salz, Pfeffer	abschmecken.
4 große Kartoffeln	mit der Schale garen, aufbrechen und mit der Masse füllen, mit frischer
Kresse	bestreuen.

14

Schloss Bergzabern – Wahrzeichen der Stadt

**Evangelische Bergkirche
zu Bad Bergzabern am Hunzbacher Platz**

Champignonpastete

Von Waltraud Klein, Niederhohrbach

125 g Mehl	mit
½ TL Backpulver	
50 g Butter	
1 Ei	sowie
1 Prise Salz	zu einem Mürbeteig verarbeiten, auswellen und Boden und Rand einer Springform damit auslegen. Den Boden mehrmals mit einer Gabel einstechen und bei 180 °C etwa 8 Minuten vorbacken.

Füllung

250 g mittelalter Gouda	sowie
1 Zwiebel	
100 g Kochschinken	in feine Würfel schneiden.
250 g Champignons	putzen und feinblättrig aufschneiden. Champignons und Zwiebeln in etwas
Butter	dünsten. Dann alle Zutaten mischen und auf dem vorgebackenen Teigboden verteilen.
2 Eier	mit
125 ml Sahne	und
125 ml Milch	verquirlen, über das Käse-Pilzgemisch geben und bei 180 °C etwa 20 bis 30 Minuten backen.

15

> Statt Mürbeteig kann auch ein leichter Hefeteig zubereitet werden.

**Ausleger vom Gasthof zum Engel
in Bad Bergzabern**

Roter Zwiebelsalat

Von Claudia Marschall-Emanuel, Ilbesheim

550 g rote Zwiebeln	in feine Ringe schneiden und in ein Sieb geben. Mit
Salz	bestreuen und 15 Miunten stehen lassen.
1 großes Bund Petersilie	waschen und fein hacken. Die Zwiebeln mit Wasser abspülen, mit der Petersilie in einer Schüssel vermischen, mit
Salz, Pfeffer	würzen und mit etwas
Weißwein-Essig, Öl	anmachen.

Pikanter Käsesalat »Früchteliesel«

Von Birgitta Kuntz, LandFrauen Herxheimweyher

250 g Käsemischung (Emmentaler, Edamer, Gouda)	sowie
100 g Kochschinken	in Streifen oder Würfel schneiden.
3 saftige Äpfel	schälen, Kerngehäuse entfernen, mit
3 Scheiben Ananas	würfeln und mit dem Saft von
1 Zitrone	marinieren.
50 g Walnüsse oder Mandeln	grob hacken. Alle Zutaten in eine Schüssel geben und vermischen.
125 g Mayonnaise	sowie
3 EL ungesüßte Sahne	locker unterziehen und den Salat durchziehen lassen.

Pfarrkirche in Kirrweiler

Mal was Neues ausprobieren – edle Weinessige als Aperitif und Digestif

Von Dagmar Schröer-Hemmler

Das Weinessiggut Doktorenhof – inmitten der wunderschönen Pfalz gelegen –beschäftigt sich seit über 20 Jahren mit der Herstellung von edlen Produkten aus hochwertigen Weinen, die zu Kochessig, Trinkessig wie Digestif und essigverwandten Lebensmitteln verarbeitet werden. Die Produkte finden als Aperitif-Essige, Digestif-Essige oder als Beigabe zu Mixgetränken Verwendung.

Altes Essigwein-Fass

Grundbasis für den Digestif und andere Produkte ist feinster Weinessig, der mit Traubenmost, Honig, Kräutern und Gewürzen verfeinert wird. Die Traubenmoste und Weine werden nach alten, traditionellen Verfahren zu Elixieren vergoren, deren Zusammensetzung einen säuerlichen Essig-Balsam ergibt. Dieser Essig wird, wie in alten Zeiten, als Aperitif in kleinsten Schlucken vor dem Essen, als Digestif nach dem Essen oder zwischendurch gereicht. Balsam aus Essig ist eine feine Delikatesse mit säuerlicher Note. Dieses spezielle Getränk sensibilisiert die Geschmacksnerven und regt somit den Appetit an und unterstützt als Digestif sehr magenfreundlich die Verdauung und wirkt dem Völlegefühl entgegen. Als Zwischengang wirkt Essig stimulierend auf den Magen und schafft Freiraum für den eigentlichen Hauptgang.

Essig gilt seit jeher als unabdingbare Würze und fand Anwendung als Aperitif und Digestif. Allerbeste Grundweine aus Pfälzer Weinbergen sind für die Essig-Essenzen, Aperitif-Essige, Digestif-Essige und Kochessige die Basis. Verwenden Sie die Essige genügsam zum Entrée, für frischen Salat, kräftige Saucen, zartes Gemüse, köstliche Süßspeisen und zu allem, was Ihrem persönlichen Geschmack entsprechend einen zarten Hauch Essig verdient.

Mango-Lauchsalat mit Flusskrebsen

Von Elke Lagas, Freimersheim

2 reife Mangos	in Würfel schneiden und in eine Schüssel geben.
1 Stange Lauch	in Scheiben schneiden und mit
100 – 125 g Flusskrebsfleisch	dazugeben. Den Saft von
1 Grapefruit	und
1 Limette	sowie
2 – 4 EL Orangensaft	hinzufügen und alles gut vermischen. Mit
Salz, Pfeffer, Knoblauch	
Dill, Chili, Ingwer	und etwas
Sojasauce	abschmecken, kurz ziehen lassen. Mit
Zitronengras	garnieren und servieren.

Wer möchte, kann noch etwas Essig und Öl hinzufügen.

Blick von der Kleinen Kalmit auf Landau

Blick von der Kleinen Kalmit in die Landschaft

Kastaniensalat mit Weintrauben

Von Claudia Marschall-Emanuel, Ilbesheim

400 g Esskastanien (küchenfertig, geschält)	in eine Schüssel geben.
250 g blaue und weiße Trauben	waschen, abtropften lassen und entkernen.
2 Orangen	filetieren und mit den vorbereiteten Zutaten vermischen.
8 – 12 ungespritze Weinblätter	unter fließendem Wasser abwaschen und in Salzwasser kurz blanchieren, gut abtropfen lassen. Die Blätter schneiden, dekorativ anrichten und die Kastanienmasse darauf verteilen.
100 g Speckwürfel	in etwas
Olivenöl	auslassen, danach
1 Zwiebel (fein geschnitten)	zufügen und andünsten. Mit
125 ml Traubensaft	und
125 ml Sahne	ablöschen.
2 – 3 EL Crème fraîche	und den Saft von
1 Zitrone	hinzugeben, alles zu einer sämigen Sauce einkochen und mit
Salz, Pfeffer	würzen. Die Sauce über den Kastanien verteilen und
1 Bund Kerbel (fein gehackt)	darüberstreuen.

19

Schillerpark Landau: Blütenpracht im Mai

Frühlingserwachen am Schwanenweiher in Landau

Schokoladen-Anis-Crêpes mit Schoko-Apfel-Sauce

Von Beate Gröbert, Birkenhördt

30 g Kakaobohnen	zusammen mit
10 g Anissamen	im Mörser fein zerstoßen. Mit
250 g Mehl	sowie
300 – 400 ml Milch	
3 Eier	und
1 Prise Salz	zu einem flüssigen Crêpe-Teig verarbeiten. Aus dem Teig 8 dünne Crêpes ausbacken. Diese abkühlen lassen und dann
10 – 12 dünne Scheiben roher Schinken	auflegen und die Crêpes aufrollen. Für die Schoko-Apfel-Sauce
2 – 3 säuerliche Äpfel	waschen, schälen, entkernen und in Würfel schneiden.
2 Zwiebeln	ebenfalls schälen und in feine Würfel schneiden.
2 EL Öl	leicht erhitzen und darin die Zwiebeln glasig dünsten. Die Äpfel zugeben, kurz mitdünsten, dann mit
1 EL scharfe Chilisauce	übergießen.
30 g Edelbitterschokolade (mind. 70 % Kakaoanteil)	in Stücke brechen, zufügen, von der Platte nehmen und die Schokolade in der Masse schmelzen lassen. Mit
1 TL Thymian	und
Salz	würzen. Zusammen mit den Crêpes auf Tellern anrichten, dafür die Crêpes schräg anschneiden und auf einem Spiegel der Schoko-Apfel-Sauce setzen, mit
Petersilie	dekorieren.

> Verwenden Sie zum Beispiel Serano Schinken oder alternativ geräucherte Entenbrust. Dazu passt ein kräftiger Rotwein.

20

Am Saubrunnen in Bornheim wird das örtliche Weinfest feierlich eröffnet.

Pfälzer Sauerkrautkuchen (für 2 Kuchen)

Von Hannelore und Stefan Hafen, Wohlfühlhotel Alte Rebschule

Dieses alte Gericht wird bei uns in der Alten Rebschule als Vorspeise in Pfälzer Menüs serviert. Es ist einfach und schmackhaft, nicht nur für die Pfälzer. Für den Boden machen wir einen Pastetenteig aus einem alten überlieferten Rezept von Tante Paula.

350 g Mehl	mit
2 Eigelb	
130 g Butter	
250 ml Wasser	und
1 Prise Salz	zu einem Teig verarbeiten, dünn ausrollen und in eine Springform (Ø 30 cm) einlegen.
500 g Sauerkraut	mit
200 g Speckwürfel	im Topf halbgar schmoren und mit
200 ml Sahne	vermischen. Die Masse auf dem Teig verteilen. Darauf
Scheiben von luftgetrockneter Pfälzer Bratwurst (Menge nach Belieben)	legen. Den Kuchen bei 220 °C etwa 25 Minuten backen und heiß servieren.

21

In einem Festzelt, Rhodter Kerwe

Wohlfühlhotel Alte Rebschule in Rhodt unter Rietburg

Petersiliensalat

Von DLR Rheinpfalz Ernährungsberatung, Neustadt

125 g Bulgur oder Couscous	in ausreichend
Gemüsebrühe	garen und abkühlen lassen.
200 g Karotten	schälen und raspeln.
1 – 2 rote Zwiebeln	schälen und fein schneiden.
4 – 6 Bund glatte und krause Petersilie	sowie
1 Zweig Minze	waschen und fein schneiden.
250 g Kirschtomaten	waschen und vierteln.
4 – 6 EL Zitronensaft	mit
5 EL Rapsöl	sowie
Salz, Pfeffer, Zucker	zu einer Salatsauce verrühren. Alle Salatzutaten unterheben und mindestens 1 Stunde durchziehen lassen.

Auf Salatblättern anrichten und mit Tomatenspalten garnieren. Bulgur (Bulgurweizen) ist ein vorgekochter Weizen (Parboiled). Er wird hauptsächlich aus Hartweizen hergestellt, ist ein Hauptnahrungsmittel in der Türkei und im Vorderen Orient und kann wie Reis gegart werden. Couscous stammt aus der nordafrikanischen Küche und wird aus zerriebenem Grieß von Weizen (Hartweizengrieß), Gerste oder Hirse hergestellt.

22

Fußgruppe im Faschingsumzug

Aufmarsch zum größten Faschingsumzug der Südpfalz in Offenbach bei Landau

Räucherforellencreme

Von Helge Jäger, Weinstube zum Trifels, Landau

250 g Räucherforellenfilet	eventuell vorhandene Gräten entfernen, das Filet zerzupfen und in eine Schüssel geben.
2 Stiele Dill	und
¼ Bund Schnittlauch	in Wasser abbrausen, trockenschütteln, ganz fein schneiden und zum Fisch geben.
2 TL Sahnemeerrettich	mit
150 g Frischkäse	sowie
1 – 2 TL körniger Senf	glattrühren und vorsichtig mit dem Fisch mischen, mit
Salz, Pfeffer	und
1 – 2 TL Zitronensaft	würzen.

Die Forellencreme in kleine Gläser (kleine Einmachgläser sind ideal) füllen, jeweils mit einem Dillzweig und einer Zitronenscheibe dekorieren. Passt zu Pellkartoffeln oder dunklem Bauernbrot.

23

Fröhliche Frauentanzgruppe im
Straßenkarneval

Das Kinderprinzenpaar vom
Billigheimer-Ingenheimer Carneval Club

Wildkräuter in der heutigen Ernährung

Von Ursula und Johannes Schauer, Kräuterschule Wildwiese

Wildkräuter werden heute von immer mehr Menschen als eine sinnvolle Nahrungsergänzung angesehen. Unsere Vorfahren jedoch haben Wildkräuter ganz selbstverständlich verwendet. Vor 150 Jahren kannten wir in Mitteleuropa noch etwa 450 Kräuter- und Gemüsesorten, von denen in unserer heutigen Ernährung höchstens nur noch etwa 30 genutzt werden.

Aufgrund marktgerechter (Über)Züchtung verarmen die Gemüse immer mehr an gesundheitsfördernden Stoffen. Deshalb ist es sinnvoll seine Kost durch Wildpflanzen aufzuwerten. Diesen so genannten sekundären Pflanzenstoffen werden auch von wissenschaftlicher Seite immer mehr positive Wirkungen zugeschrieben: zum Beispiel zur Verhinderung der wichtigsten Zivilisationserkrankungen wie Herz-Kreislauf-, Krebs- und Stoffwechselerkrankungen.

Wissenschaftlich belegt ist, dass zum Beispiel die Senföle und Polyphenole einen deutlich positiven Einfluss als Schutzstoffe gegen Krebs haben. Diese Stoffe kommen besonders in wild wachsenden Pflanzenarten in hoher Konzentration vor. Auch der Vitamin- und Mineralstoffgehalt ist deutlich höher als in Kulturpflanzen. So hat der Löwenzahn etwa zwanzigmal mehr Vitamin C und die Brennnessel etwa dreißigmal mehr Vitamin C als Kopfsalat bei vergleichbarer Menge. Dies gilt in ähnlicher Weise für andere Substanzen wie Mineralstoffe, Spurenelemente und die wichtigen sekundären Pflanzenstoffe.

Wildkräuter sind kostenlos und in großer Menge für jeden verfügbar, allerdings sollte man die verwendeten Pflanzen sicher kennen, um möglichem Giftkraut aus dem Wege gehen zu können.

Im Kapitel Vorspeisen und Salate stellen wir für Sie einen Pfälzer Wald- und Wiesensalat (Rezept Seite 25) sowie im Kapitel Saucen eine Pfälzer Wildkräuterpaste (Rezept Seite 135) vor.

Blüte des Beinwell

Pfälzer Wald- und Wiesensalat

Von Ursula und Johannes Schauer, Kräuterschule Wildwiese, Bad Bergzabern

Verschiedene Blattsalate als Grundsalat auswählen. Als Zusatz je nach Geschmack verschiedene Wildkräuter hinzufügen. Junge Blätter von

Löwenzahn, Giersch, Schafgarbe, Wiesenknopf, Vogelmiere, Spitzwegerich, Sauerampfer, Schaumkräuter, Bärlauch, Weinbergslauch sind besonders gut geeignet. Blüten von

Gänseblümchen, Kleesorten, Löwenzahn, Wickenarten, Wiesensalbei, Beinwell, Lindenblüten, Nachtkerze, Lungenkraut sind eine ideale Ergänzung. Alle Salatbestandteile vorsichtig waschen, gut abtropfen lassen und in einer großen Schüssel mischen.

Vinaigrette

25

2 – 3 EL Himbeeressig mit

2 – 3 EL Ahornsirup sowie

6 – 8 EL Olivenöl vermischen und mit

Salz, Pfeffer abschmecken. Die Vinaigrette unter die Salatmischung heben.

Wald- und Wiesensalat

Gebackene Feigen an einer Traubensaftreduktion mit Ziegenkäse

Von Thomas Langhauser, Gutshof Ziegelhütte, Edenkoben

250 ml Traubensaft	so lange in einem Topf einkochen, bis eine sirupartige Konsistenz erreicht ist.
4 große Feigen	vorsichtig waschen, vierteln und in eine backofenfeste Form geben. Dann
50 g Butter	und die Traubensaftreduktion hinzufügen.
12 Stück Walnusskerne	sowie
1 Prise Salz, Zucker	darübergeben und etwa 10 Minuten bei 160 °C im Ofen backen. Danach
150 g Ziegenfrischkäse	in 3 cm große Stücke schneiden über den Feigen verteilen und weitere 5 Minuten im Ofen backen.

Für Fleischliebhaber einfach zwei Scheiben Serrano-Schinken dazu drapieren.

Mandelblütenfest in Edenkoben

Apfel-Kürbis-Salat

mit Wildschweinsalami und Feldsalat (für 6 Personen)

Von Fritz Walter, WeinRestaurant im WeinGut Fritz Walter, Niederhohrbach

1 kleiner Kürbis (ca. 800 g, z.B. Butternut oder Hokkaido)	evtl. schälen, Kerne entfernen und das Fruchtfleisch in dünne Stücke schneiden.
2 EL Kürbiskerne	in der Pfanne ohne Fett rösten und herausnehmen.
1 EL Öl	in der Pfanne erhitzen, die Kürbisstücke hinzufügen, unter Wenden etwa 6 Minuten braten.
5 – 6 Stiele Thymian	waschen, trockenschütteln, Blättchen abzupfen und unter den Kürbis heben, abkühlen lassen.
1 mittlere Zwiebel	schälen und fein würfeln.
1 Limette	auspressen.
3 säuerliche Äpfel (ca. 600 g)	waschen, entkernen, in kleine Spalten schneiden und mit 2 Esslöffel Limettensaft beträufeln, damit sie nicht braun werden. Für das Dressing den Rest vom Limettensaft mit
2 EL Obstessig	
4 EL süße Chilisauce	und
1 EL Honig	verrühren. Dann
4 EL Öl	darunterschlagen und mit
Salz, Pfeffer	würzen. Zwiebelwürfel, Apfelspalten, Kürbis und Kürbiskerne in einer Schüssel mit einem Teil vom Dressing mischen.
80 g Feldsalat	mit dem Rest vom Dressing marinieren. Den Apfel-Kürbis-Salat und den Feldsalat auf Tellern anrichten und
80 – 120 g Wildschweinsalami (in dünnen Scheiben)	um den Salat verteilen.

27

Probieren Sie mal Pfälzer Peperoni im Salat!

Carpaccio vom Pfälzer Saumagen

Von den Europa-Miniköchen Südliche Weinstraße

Die Miniköche-Gruppe Südliche Weinstraße ist ein Gemeinschaftsprojekt der Hotelfachschule SÜW und dem Gutshof Ziegelhütte in Edenkoben.

2 kleine Zwiebeln	schälen und fein würfeln. Mit
4 EL Weißwein-Essig	
½ TL Senf	
je 1 Prise Salz, Zucker	und
Pfeffer	verrühren. Dann topfenweise
6 EL Öl	erst langsam, dann fließend darunterschlagen und die Vinaigrette an einem kühlen Ort ziehen lassen.
320 g Pfälzer Saumagen	vorab gut kühlen und mit Hilfe einer Aufschnittmaschine in hauchdünne Scheiben schneiden. Die Scheiben im Kreis auf Tellern anrichten und mit der Vinaigrette beträufeln.
Kräuter	nach Belieben fein hacken und überstreuen.

28

Wer möchte, kann das Carpaccio mittig mit einem Salatbouquet ergänzen.

Die Miniköche der Südlichen Weinstraße bei einer Aktion in der Hotelfachschule

Rote-Bete-Carpaccio
mit Walnuss-Dressing (für 6 Personen)

Von Helge Jäger, Weinstube zum Trifels, Landau

500 g Rote Bete (vorgegart)	in hauchdünne Scheiben schneiden oder hobeln. Die Scheiben auf 6 Tellern im Kreis überlappend anrichten.
300 g Feldsalat	verlesen, waschen, trockenschütteln und auf der Roten Bete mittig anichten.
6 EL Walnusskerne	in einer Pfanne ohne Fett anrösten, etwas abkühlen lassen, dann grob hacken und zur Seite stellen.

Walnuss-Dressing

1 Bio-Zitrone	heiß waschen und trockentupfen. Die Schale fein abreiben oder feine Streifen (Zesten) abziehen und den Zitronensaft auspressen. Abrieb und Saft mit
4 EL weißer Balsamico-Essig	
4 TL Ahornsirup	sowie
2 EL gemahlene Walnüsse	mischen. Mit
Salz, Pfeffer	kräftig würzen und
60 ml Olivenöl	sowie
40 ml Walnussöl	darunterschlagen. Das Dressing über das Carpaccio träufeln und die gerösteten Walnusskerne darüberstreuen.

29

Rote Bete – ein Gemüse mit vielfältigen Verwendungsmöglichkeiten

Käschdesupp (Kastaniensuppe)

Von Hans-Dieter Schlimmer, Oberbürgermeister der Stadt Landau, Pfalz

Den Herbst in der Südpfalz erleben zu können, ist ein ganz besonderes Erlebnis. Vor allem, wenn man nach dem Genuss einer stimmungsvollen Wanderung im herbstbunten Wald den Abend mit selbst gesammelten Käschde (Kastanien) fortsetzen kann.

800 – 1000 g Edelkastanien	mit einem spitzen Küchenmesser kreuzweise einkerben, in Wasser 15 Minuten vorkochen und anschließend schälen: Am besten solange sie noch heiß sind, dann löst sich die Schale und die darunterliegende Haut leichter.
1 – 2 Zwiebeln	klein schneiden und in etwas
Fett	anrösten.
3 – 4 große Karotten	schälen, fein würfeln, mit den Kastanien zu den Zwiebeln geben und ebenfalls leicht anrösten.
1,5 l Fleisch- oder Gemüsebrühe	aufgießen, aufkochen und 20 Minuten köcheln lassen. Die Suppe sollte gut sämig werden. Anschließend mit einem Stabmixer pürieren und mit
Salz, Pfeffer, Muskat	sowie
Petersilie, Kerbel	abschmecken. Einen guten Schluck
Weißwein	zufügen. Die Suppe auf Teller geben und jeweils mit einem Klecks
Sahne oder Schmand	versehen.

> Vor dem Servieren mit fein gehackter Petersilie bestreuen. Am besten zur Suppe den angebrochenen Weißwein reichen und mit Freunden genießen.

Käschde (Kastanien) wurden einst von den Römern in der Pfalz angebaut. Auch König Ludwig I. hatte viele Kastanienbäume um seine Sommerresidenz, Villa Ludwigshöhe, angebaut.

Geröstete Haferflockensuppe

Von Irma Muth, Landau

50 g Butterschmalz	erhitzen und darin
50 – 60 g Haferflocken	goldgelb rösten. Dann mit einem Teil von
1 l Fleischbrühe (kalt)	ablöschen. Nach und nach die restliche Brühe dazugießen, aufkochen und 10 bis 15 Minuten leicht köcheln lassen. Mit
Salz, Pfeffer, Muskat	sowie
Petersilie, Kerbel	abschmecken.

Bärlauchcremesuppe

Von Isolde Konter, Ottersheim

31

150 g Frühlingszwiebeln	waschen und grob schneiden.
250 g Kartoffeln	schälen und in Achtelstücke schneiden. Kartoffeln und Zwiebeln in
800 ml Gemüsebrühe	etwa 15 Minuten köcheln. Dann
60 – 80 g Bärlauch	zufügen und 5 bis 8 Minuten köcheln.
200 ml Sahne	dazugeben, nochmals erhitzen, aber nicht kochen. Nun mit einem Pürierstab cremig rühren und nach Geschmack mit
Salz, Pfeffer, Muskat	würzen.

> Dazu Stangenweißbrot reichen.

Eine Suppe aus Petersilienwurzeln ist ein Genuss.

Brotsuppe

Von Wiltrud Rink, Steinweiler

75 g Speck	fein würfeln, zur Seite stellen.
2 kleine Zwiebeln	in dünne Ringe schneiden, zur Seite stellen.
200 g altbackenes Weißbrot	entrinden, würfeln, in
50 g Butter	goldbraun rösten und mit
75 g geriebener Emmentaler	bestreuen.
1 l gekochte Fleischbrühe	unter Rühren zugießen, mit
200 ml trockener Weißwein	auffüllen und mit
Salz, Pfeffer	sowie
¼ TL gerebelter Thymian	abschmecken. Die Suppe in Suppentassen füllen, mit
75 g geriebener Emmentaler	bestreuen und bei 250 °C etwa 6 bis 8 Minuten überbacken. Inzwischen den Speck in der Pfanne oder Topf auslassen und die Zwiebelringe im Speckfett glasig braten. Diese Mischung über die gebackene Brotsuppe verteilen.

32

Sie können die Suppe nach Belieben mit Sahne verfeinern.

Hambacher Schloss

Die Kirche in Eußerthal ist ein ehemaliges Zisterzienserkloster (gegründet 1148).

Cremige Suppe
aus Muskatkürbis mit Sauerampfer

Von Renate Kuntz, Hayna

1 mittelgroßer Muskatkürbis	halbieren und das Fleisch herauslösen und klein schneiden.
6 Süßkartoffeln	waschen, schälen und klein würfeln.
2 Schalotten	schälen, klein schneiden und mit den Süßkartoffeln sowie dem Kürbisfleisch in
4 EL Kürbisöl	andünsten.
1 l Gemüsebrühe	dazugeben und mit
Muskat, weißer Pfeffer	sowie
Kurkuma, Pimpinelle	würzen. Die Suppe aufkochen und etwa 20 Minuten bei kleiner Hitze garen. Dann pürieren und bei Bedarf
5 EL Sahne	zufügen.
1 Bund Sauerampfer	waschen, klein schneiden und kurz vor Ende der Garzeit zur Suppe geben, damit der zarte Sauerampfer nicht zerkocht und die wertvollen Inhaltsstoffe nicht verloren gehen.

33

> Pimpinelle oder Bibernelle (botanisch: Sanguisorba minor) zählt zu den Rosengewächsen.

Kürbissuppe – kurz vor der Vollendung

Villa Wieser in Herxheim

Landau – alte Stadt mit Zukunft

Von Dr. Michael Martin

In wenigen Zeilen die Geschichte einer Stadt zusammenzufassen, ist fast unmöglich. Die Geschichte Landaus ist zwar kurz, wenn man sie mit der weit älteren Vergangenheit der Stadtdörfer vergleicht, aber es ist eine wechselvolle Geschichte!

Im Jahre 1274 beginnt mit der Stadtrechtsverleihung durch Rudolph von Habsburg der Aufstieg der vorher unbedeutenden Siedlung. Alle alten Kirchengebäude wie die Stiftskirche, die Augustinerkirche oder die Katharinenkapelle, die heute noch die Altstadt prägen, stammen aus dieser ersten Blütezeit. Es war nicht allein das Recht, sich Stadt nennen zu dürfen, das für das Wachsen dieses Gemeinwesens entscheidend war, sondern das Recht, einen Markt abhalten zu dürfen. Dieses Privileg kam einer Gelddruckmaschine gleich. Leidtragende waren mehrere Dörfer, die von der Landkarte verschwanden und an die heute nur noch Straßennamen erinnern (Eutzingen, Mühlhausen usw.). Die Dorfbewohner zogen in die Stadt, weil sie hier Geld verdienen konnten und weil ihnen die Stadtmauern Sicherheit boten. So entwickelte sich Landau zu einer ansehnlichen Reichsstadt, die sich mit ihren Festungsmauern in vielen Kriegszeiten behauptete.

Der Dreißigjährige Krieg brachte allerdings auch hier viel Not und Elend. Vierzig Jahre nach Ende dieses unseligen Krieges änderte sich die Rolle der Stadt grundlegend. Für Frankreich war sie sozusagen »der Schlüssel zum Rhein« und deshalb wurde die mittelalterliche Stadt zu einer modernen Festung umgebaut. Verantwortlich für diesen radikalen Wandel war kein Geringerer als der französische Festungsbaumeister Vauban. Zeitweise mehr als 10 000 Mann krempelten die Stadt zwischen 1688 und 1691 um. Ab dann war sie eine französische Exklave in deutschem Reichsgebiet und bedingt durch die Grenznähe zu einer heftig umstrittenen Festung geworden.

Die vier Belagerungen zu Beginn des 18. Jahrhunderts zeigen deutlich, wie strategisch wichtig Landau geworden war. Dass sie die »stärkste Festung der Christenheit« war, wie es die Tourismusmanager immer wieder behaupten, stimmt natürlich

Der Galeerenturm in Landau zählte vermutlich zum Bergfried der 1308 abgetragenen Reichsburg.

nicht. Bei jeder der vier Belagerungen wurde die Stadt eingenommen. Die französische Zeit der Stadt dauerte bis zum Jahre 1815. Landau ist damit die einzige deutsche Stadt, die so lange französisch war. Also immerhin ein historischer Superlativ! Landau erlebte in dieser Zeit auch die weltgeschichtliche Zäsur der Französischen Revolution mit Guillotine, Jakobinerklub und Freiheitsrausch.

In der bayerischen Zeit ab 1816 sank die Stadt dann zu einer unbedeutenden Garnison herab. Erst mit dem Ende des Deutsch-Französischen Krieges im Jahre 1871 wandelte sich die Stadt erneut: Die Festungsmauern waren unnötig geworden, sie wurden ab 1880 nach und nach niedergerissen, die Stadt konnte sich endlich erweitern. Dies geschah in einer großzügigen aber radikalen Art und Weise. Auf den Linien der alten Festungsmauern entstanden innerhalb weniger Jahre breite Ringstraßen und imposante Bürgerhäuser – ein beeindruckendes Ensemble, das selbst heute noch das Gesamtbild der Stadt prägt und auch dem durchfahrenden Touristen gleich auffällt.

Wer sich dann noch die Mühe macht, die Stadt zu Fuß zu erkunden, der wird auch die Festhalle entdecken können, ein mächtiges Jugendstilgebäude, das zu den schönsten Festhäusern im deutschen Südwesten gehört und vor einigen Jahren mit viel finanziellem Aufwand und Bürgerengagement renoviert wurde. Auch zwei andere historische Gebäude, wie das Alte Kaufhaus und das Frank Löbschen-Haus, haben ihr Überleben und ihre neuen Rollen dem Engagement vieler Landauer Bürger und Bürgerinnen zu verdanken. Diese Gebäude sind beide zu Zentren des kulturellen Lebens in der Stadt geworden.

Der Zweite Weltkrieg hat die Stadt weitgehend verschont. Aber Garnisonsstadt war Landau fast immer. Erst die Bayern, dann die Franzosen von 1918 bis 1930, die Wehrmacht von 1936 bis zum Ende des Dritten Reiches und dann wiederum die Franzosen bis zum endgültigen Abzug im Jahre 1999. Nunmehr bietet sich für die Stadt die große und sicher auch die letzte Chance, sich zu erweitern. Im Rahmen der Konversion wurden ehemals militärische Gebäude und Flächen einer zivilen Nutzung zugeführt. Und der Höhe- und Schlusspunkt dieser Entwicklung dürfte die für nunmehr 2015 geplante Landesgartenschau werden. Die Wandlung der Stadt vollzog sich behutsam und so besteht die große Chance, dass Landau weiterhin seinen Charme als überschaubare und liebenswerte Stadt behält.

Die Landauer Landavia:
Kunstfigur vom Bildhauer Martin Mayer

Wildgulaschsuppe

Vom LandFrauenverein Freimersheim

500 g Wildfleisch aus der Keule ohne Knochen	in walnussgroße Stücke schneiden.
4 große Zwiebeln (ca. 320 g)	schälen und in Scheiben schneiden.
100 g geräucherter Bauchspeck	in kleine Würfel schneiden.
5 EL Butterfett	im Topf erhitzen, den Speck darin auslassen, die Zwiebeln hinzugeben und hellbraun werden lassen. Dann das Fleisch zugeben und 10 Minuten rundherum goldbraun anbraten.
1 rote Paprikaschote	putzen, in Streifen schneiden, zum Fleisch geben und mit
Salz, schwarzer Pfeffer, Zucker Paprika (edelsüß)	würzen. Mit
2 EL Mehl	bestäuben und
1 l Wildfond oder Fleischbrühe	aufgießen, umrühren und bei kleiner Hitze köcheln lassen.
125 g frische Pfifferlinge	hinzufügen. Mit
125 ml Portwein	und
8 cl Weinbrand	verfeinern und zugedeckt bei mittlerer Hitze so lange schmoren, bis das Fleisch gar ist.

> Wenn Sie Pfifferlinge aus der Dose verwenden, dann vor dem Zugeben gut abtropfen lassen. Je nach Geschmack sind Wacholderbeeren und Lorbeerblätter besonders geeignet zum Würzen. Die Gewürze am besten im Säckchen verpackt für kurze Zeit mitköcheln lassen.
> Verfeinern Sie die Suppe mit Preiselbeeren oder Johannisbeergelee.

Bronzeplastik »trauretten Bauern« in Landau-Nußdorf von Peter Brauchle, zum Gedenken an den Pfälzer Bauernkrieg 1525: Das Motiv zitiert überzeugend den Entwurf einer Gedächtnissäule von Albrecht Dürer.

Feine Grumbeersupp

Von Hannelore Riedesel Fz. E., Schwegwenheim

1 kleine Zwiebel	fein würfeln und in
20 g Margarine	anschwitzen.
350 g mehlig kochende Kartoffeln	sowie
30 g Knollensellerie	waschen, schälen, klein würfeln und zu den Zwiebeln geben, kurz mitdünsten. Dann mit
750 ml Wasser	ablöschen.
3 TL gekörnte Hühnerbrühe	hinzufügen und in 15 Minuten weich kochen. Mit
Salz, Pfeffer, 1 Prise Zucker	abschmecken. Die Suppe nach Belieben durch ein Sieb drücken (kann auch würfelig bleiben).
200 g Lauch	in 3 cm lange Streifen schneiden, in
20 g Margarine	dünsten und in die Suppe geben.
100 ml Sahne	steif schlagen und unter die Suppe ziehen.
100 g Räucherlachs	in feine Streifen schneiden. Von
4 Dillzweigen	die Stiele entfernen. Die Suppe in Teller geben und mit Räucherlachs und Dill dekorieren.

37

Bauernkriegshaus und Bauernkriegsmuseum in Landau-Nußdorf: In diesem Haus hat angeblich 1525 der Pfälzer Bauernkrieg begonnen.

Mostsuppe

Von Ilse Beck, Klingenmünster

50 ml Milch	mit
1 Pck. Vanillepuddingpulver	sowie
1 Eigelb	verrühren.
450 ml Milch	zum Kochen bringen. Die Puddingmasse in die Milch einrühren und aufkochen lassen.
600 ml Apfelsaft	hinzufügen.
1 Eiweiß	steif schlagen, mit einem Teelöffel kleine Nocken ausstechen und auf die Suppe setzen. Mit
Zimt, Zucker	bestreuen.

> Während der warmen Jahreszeit gut gekühlt als Kaltschale servieren.

Riebelesuppe

Vom LandFrauenverein Steinweiler

150 g Mehl	in ein Gefäß geben, dann
1 Ei	verquirlen und zum Mehl hinzufügen. Mit
1 Prise Salz	würzen und verkneten.
2,5 l Fleisch- oder Gemüsebrühe	erhitzen. Aus dem Teig mit den Händen kleine Stücke (Riebele) reiben und in die heiße Brühe geben. Etwa 5 Minuten garziehen lassen und vor dem Servieren mit
1 EL Schnittlauchröllchen oder Petersilie	bestreuen.

Im Kräutergarten

Wildkräutersuppe

Von DLR Rheinpfalz Ernährungsberatung, Neustadt

2 Zwiebeln	und
1 Knoblauchzehe	schälen, fein würfeln und in
2 EL Rapsöl	dünsten.
2 große Kartoffeln	waschen, schälen, würfeln und zugeben.
250 ml Weißwein	sowie
800 ml Gemüsebrühe	auffüllen. Etwa 10 Minuten köcheln lassen.
250 g Wildkräuter (Sauerampfer, Brennnessel, Giersch, Bärlauch, Löwenzahn, Vogelmiere, Pimpinelle)	waschen, grob hacken, zugeben, 5 Minuten kochen lassen, dann pürieren. Mit
Salz, Pfeffer, Muskat	abschmecken.
1 Bund glatte Petersilie	waschen, fein schneiden und bis auf 2 EL mit
150 ml Sahne	unter die Suppe rühren. Die Suppe vor dem Servieren mit dem Rest Petersilie bestreuen.

39

Blick auf Burrweiler an einem sonnigen Herbstvormittag

Thomas-Nast-Nikolausmarkt in Landau

Von Peter Hemmler

Ab Ende November eines jeden Jahres duftet es auf dem Landauer Rathaus-platz nach Glühwein und gebrannten Mandeln, Tannenduft verbreitet sich über den Platz ... Besucher aus nah und fern reisen nach Landau zum Thomas-Nast-Nikolausmarkt und lassen sich von dem besonderen Flair einfangen.

Thomas Nast, 1840 in Landau geboren, war ein deutsch-amerikanischer Karika-turist. Berühmt wurde er mit seinen politischen Karikaturen. Um den ärmlichen Verhältnissen zu entfliehen, wanderten seine Eltern mit ihm 1846 nach New York aus. Später studierte er dort Kunst an der National Academy of Design. Er be-gann in frühen Jahren mit dem Zeichnen. Mit Zeichnungen über den Bürgerkrieg wurde er bekannt. Zu seinen berühmten Werken zählt auch der Holzschnitt mit dem Motiv »Merry Old Santa Claus« sowie die ursprüngliche Version von »Uncle Sam«. Nast starb 1902 in Guayaquil in Ecuador; sein Leichnam wurde nach New York auf den Woodlawn Cemetery in der Bronx überführt und dort bestattet.

In Erinnerung an den bekannten Landauer trägt der Weihnachtsmarkt seinen Namen. Er gilt als einer der schönsten in der ganzen Region. Eine große Anzahl von Ausstellern bieten in ihren, dem Thema entsprechend dekorierten Holz-häuschen, ausgefallene Geschenkideen an. Das Angebot umfasst Weihnachts-schmuck, Krippenfiguren, Keramik und Spielzeug bis hin zu Porzellanpuppen. Außerdem gibt es reichhaltige kulinarische Angebote; natürlich ist auch der Glühwein in unterschiedlichen Varianten allgegenwärtig.

In zwei großen Pavillons bieten die Kunsthandwerker mit wechselnden Ausstel-lern ihre Waren an. Dabei können die Besucher miterleben, wie die vielfältigen Artikel entstehen, sei es zum Thema Marionetten und Fabelwesen, Produkte vom Bürstenbinder, Puppenkunst, Korbflechter oder Kunst der Weberei und Glasbläser.

Ein großes Angebot widmet sich den Kindern. Zum Beispiel lässt ein nostal-gisches Karussell Kinderherzen höher schlagen. In der Schreibstube »Himmel-pforte« können die Kinder Briefe an das Christkind schrei-ben. Wer Lust hat, seine Eltern mit Selbstgebackenem zu überraschen, hat die Möglichkeit, unter Anleitung und Betreuung in der »Himmelsbackstube« kreativ zu werden. Weihnachtsgeschichten werden vom Kasper im Kasper-letheater gelesen. Nach Eintritt der Dämmerung erstrahlt der große Platz im Lichterkranz. Advents- und Weihnachts-lieder erklingen und laden zum Verweilen ein.

Büste von Thomas Nast

Bunter Fischtopf mit Rheinzander

Von Fritz Lindemann, Club der Köche Südpfalz e.V., Landau

100 g Zwiebeln	schälen, würfeln.
1 Knoblauchzehe	schälen, klein schneiden.
250 g Fenchelknolle	putzen, waschen.
200 g Karotten	sowie
100 g Kartoffeln	waschen, schälen, in gleichmäßige Würfel von 1 cm schneiden.
200 g Staudensellerie	putzen, waschen, in 1 cm große Stücke schneiden.
100 g Petersilienwurzel	putzen, waschen, in gleichmäßige Würfel von 1 cm schneiden. Alle Zutaten in einem Topf mit etwas
Olivenöl	ohne zu bräunen anschwitzen. Dann mit
Meersalz, schwarzer Pfeffer	würzen.
1,5 l Fischfond oder Wasser	auffüllen, leicht kochen lassen, bis das Gemüse weich – aber noch bissfest ist. Dann
Salbeiblätter	in feine Streifen schneiden und hinzufügen. Mit etwas
Safran (Fäden oder gemahlen)	und der abgeriebenen Schale von
1 Zitrone	würzen und mit
250 ml trockener Riesling	abrunden.
600 g frisches Zanderfilet	in Stücke schneiden, auf den Eintopf legen und 5 Minuten ziehen lassen. Mit frisch gezupfter
Petersilie	bestreuen und servieren.

**Thomas-Nast-Nikolausmarkt umrahmt
von illuminierten Häusern**

41

Grüner Bohneneintopf

Von Fritz Lindemann, Club der Köche Südpfalz e.V., Landau

500 g Stangenbohnen	waschen, putzen und in 4 cm lange Stücke schneiden und zur Seite stellen.
150 g Rauchfleisch	würfeln.
100 g Karotten	sowie
100 g Sellerie	waschen, putzen, in 1 cm lange Stücke schneiden.
200 g Kartoffeln	waschen, schälen, in 1 cm lange Stücke schneiden.
150 g Lauch	der Länge aufschneiden, waschen und den weißen Teil in Ringe schneiden.
100 g Zwiebel	sowie
1 Knoblauchzehe	schälen, würfeln. Etwas
Pflanzenfett	in einem Topf schmelzen, darin zuerst Zwiebeln und Knoblauch, dann das Rauchfleisch und die übrigen Zutaten (außer den Bohnen) leicht anschwitzen.
1,5 l Gemüsebrühe oder Wasser	auffüllen, aufkochen lassen, dann 10 Minuten leicht köcheln. Nun die Bohnen hinzufügen und fertig garen. Mit
Salz, Pfeffer, Muskat	würzen. Zum Abschluss frisch gezupftes
Bohnenkraut	hinzufügen.

42

> Man kann ein Stück frisches Rindfleisch mitgaren und vor dem Servieren in Scheiben schneiden. Dazu frisch geriebenen Meerrettich und Bauernbrot reichen.

Blick auf den Ort St. Martin, im Hintergrund das Hambacher Schloss

Pfälzer Champagner-Krautsuppe

Von Gerhard Lindengrün, Jugendwerk St. Josef, Landau-Queichheim

1 mittlere Zwiebel	schälen, in Würfel schneiden und in
50 g Schweineschmalz	glasig dünsten. Dann
500 g Sauerkraut	klein schneiden, hinzugeben, gut andünsten und mit
Salz, Zucker, Kümmel	würzen.
1 l Geflügelbrühe	aufgießen und köcheln lassen.
250 g Schmand	sowie
250 ml Sahne	hinzugeben, weiter köcheln lassen. Nun die Suppe mit einem Stabmixer pürieren (aber nicht zu fein). Etwas
Mehl	mit wenig Wasser verrühren und damit die Suppe binden. Zuletzt
250 ml Champagner	zugießen und kurz aufkochen.

> Geeignete Einlagen sind Räucherlachs, geräucherte Entenbrust, Landjägerscheiben oder Blutwurst. Auch halbierte und entkernte rote und blaue Trauben (während der Herbstzeit) bilden eine ideale Ergänzung.

Pfälzer Brennnessel-Cremesuppe

Von Isolde Konter, Ottersheim

250 g Kartoffeln	sowie
150 g Zwiebeln	schälen, in kleine Würfel schneiden und beides im Topf mit
850 ml Gemüsebrühe	etwa 15 Minuten köcheln lassen.
150 g junge Brennnesselblätter	dazugeben.
200 ml Sahne	zugießen, kurz aufkochen und cremig pürieren. Nach Geschmack mit
Salz, Pfeffer, Muskat, Majoran	würzen.

> Nur ganz frische Brennnesselblätter verwenden.
> Dazu Weißbrot servieren.

Brennnessel-Cremesuppe

Apfelkaltschale mit Schneeklößen

Von WeinGut Fritz Walter, Niederhohrbach

4 Äpfel (ca. 200 g)	waschen, trockentupfen, vierteln, entkernen und in Spalten schneiden.
6 EL Zucker	mit
2 EL Wasser	in einem Topf verrühren und goldbraun karamellisieren. Mit
750 ml Apfelsaft	ablöschen.
3 Stiele Thymian	sowie
1 Stange Zimt	zufügen und so lange köcheln, bis der Zucker gelöst ist. Nun die Apfelspalten zufügen, aufkochen und etwa 3 Minuten köcheln lassen.
15 g Speisestärke	mit
2 EL Wasser	glattrühren und damit die Suppe leicht sämig binden, nochmals aufkochen. Die Suppe in eine große Schüssel umfüllen, 30 Minuten abkühlen lassen, dann 30 Minuten kalt stellen.

44

Schneeklöße

2 Eiweiß	zu Eischnee schlagen, dabei
2 EL Zucker	einrieseln und
1 TL Zitronensaft	unterschlagen.
250 ml Milch	und
250 ml Wasser	in einem großen Topf aufkochen und die Herdplatte abschalten. Mit 2 Esslöffeln Schneeklöße abstechen, ins Wasser-Milchgemisch geben und im geschlossenen Topf 6 bis 8 Minuten garen. Die Klößchen anschließend mit einer Schaumkelle herausnehmen, abtropfen und abkühlen lassen. Die Suppe mit Schneeklößchen in gekühlten Schüsseln anrichten. Die Klöße mit
Zimt	bestreuen.

> Preiselbeeren vor dem Servieren
> über die Kaltschale träufeln.

**Turm der romanischen Kirche in Wollmesheim:
Die Kirche gilt als die älteste der Pfalz.**

Kürbis-Chilisuppe

Von Manfred Alramseder, Weinstube Zum Faßschlubber, Siebeldingen

500 g Hokkaidokürbis	waschen, entkernen und in Würfel schneiden.
1 kleine Zwiebel	sowie
1 Stück Ingwer (ca. 50 g)	schälen, klein schneiden und beides in einem Topf mit
2 EL Olivenöl	glasig dünsten. Dann den Kürbis zugeben und ebenfalls andünsten. Mit
700 ml Gemüsebrühe	ablöschen.
1 rote Chilischote	klein schneiden, zufügen und etwa 20 Minuten weich kochen. Dann Suppe pürieren und mit
Salz, Pfeffer	würzen. Mit
200 ml Sahne	verfeinern, mit dem Pürierstab aufschäumen und in vorgewärmte Teller füllen.
Frische Kräuter	zum Garnieren verwenden.

45

Wollmesheim im Winterkleid

**Eine Spindelkelter (anno 1764)
in den Weinbergen von Wollmesheim**

Schnelles Kartoffelgratin

Von Ilona Clemens-Müller, LandFrauen Ilbesheim

1 kg Kartoffeln	waschen, schälen und grob raspeln.
1 Zwiebel	sowie
1 Knoblauchzehe	schälen und in Würfel schneiden.
3 Stängel glatte Petersilie	waschen, fein schneiden.
3 Eier	mit Zwiebel, Knoblauch und Petersilie verquirlen und mit
200 g Schmand	unter die Kartoffelraspeln heben. Mit
Salz, Pfeffer, Muskat	würzen. Die Hälfte der Kartoffeln in eine gefettete Auflaufform füllen und mit der Hälfte von
200 g geriebener Emmentaler	bestreuen. Die restlichen Kartoffeln auffüllen und mit dem übrigen Käse bestreuen. Bei 200 °C etwa 40 Minuten backen.

Ideale Beilage zu Bratengerichten, besonders zu Lammbraten.

46

Stadt Landau – hier ein Gebäude im Jugendstil

Das Deutsche Tor stammt aus der Zeit als Landau noch Festungsstadt war. Die Festung war durch zwei Haupttore – das Deutsche Tor im Norden und das Französische Tor im Süden – zu betreten oder zu verlassen.

Ausgeschöpte

Von Frau Irma Muth, Landau

2 kg Kartoffeln	schälen, kochen und nach dem Abgießen stampfen. Mit
Salz, Muskat	würzen, mit
5 EL Mehl	bestäuben und alles gut durchstampfen.
100 g Butter	in einem Töpfchen zerlassen und
3 – 4 EL Semmelbrösel	dazugeben. Einen Esslöffel in die Butter-Semmelbrösel-Mischung tauchen, mit diesem Löffel Kartoffelmasse am Topfrand eigroß formen und in eine Schüssel geben. Diesen Vorgang wiederholen, bis die Kartoffelmasse aufgebraucht ist.

Die Bezeichnung »Ausgeschöpte« wird abgeleitet von
»aus dem Topf schöpfen«.
Reichen Sie dazu eingekochte Mirabellen oder Birnenspalten.
Rhabarberkompott passt gut in Verbindung mit Fleischgerichten.

47

Rathausplatz Landau im Sommer

**Vorbereitung zum Start auf dem
Flugplatz Ebenberg bei Landau**

Blechgrumbeere
mit Krachelscher und Backäppel

Von Hannelore Riedesel Fz. E., Schwegwenheim

1 kg Kartoffeln	waschen, schälen, in Würfel schneiden. Ein Backblech mit
1 EL Schweineschmalz	fetten, darauf die Kartoffelwürfel verteilen. Mit
Salz, Pfeffer	bestreuen.
250 g Speck	und
1 große Zwiebel	würfeln und auf den Kartoffeln verteilen. Auf der mittleren Schiene etwa 10 Minuten bei 220 °C backen. Nun
4 Äpfel	ungeschält an den Rand der Kartoffeln setzen und nochmals 35 Minuten bei 220 °C weiterbacken, bis die Kartoffeln goldgelb sind.

Der Koloss von Böchingen ist eine sieben Meter hohe Skulptur aus Buntsandstein. Volker Krebs, ein bekannter Künstler der Region, hat den Koloss aus einem Block gehauen.

48

Die Kirche in Hainfeld wurde 1886 im neubarocken Stil wieder aufgebaut.

Pfälzer Mandeltaler

Von Gudrun Damian, Impflingen

800 g Kartoffeln	schälen, in Salzwasser kochen, abschütten, gut ausdampfen lassen und danach durchpressen. Die Masse beiseitestellen.
30 g roher Schinken	und
20 g Zwiebeln	fein würfeln und in
40 g Butter	anschwitzen.
2 Eigelb	hinzufügen, mit
Salz, Pfeffer, Muskat	und
1 Prise Zucker	abschmecken und mit der Kartoffelmasse mischen. Die Masse zu einer dicken Rolle formen und erkalten lassen. Aus der Rolle 1,5 cm dicke Scheiben schneiden. Mit
Mehl	bestäuben. Danach
1 Ei	verquirlen und die Scheiben darin wälzen. Mit
Mandelblättchen	panieren und in ausreichend
Butterschmalz	bei mäßiger Hitze goldgelb braten.

49

Die Kartoffelmasse soll sehr heiß verarbeitet werden, sonst verliert sie an Bindung. Die Mandeltaler eignen sich als Beilage, aber mit Früchtekompott auch als eigenständiges Gericht.

Dalberghalle in Essingen

Schöne Dorfkirche in Impflingen

An einem der schönsten Fleckchen der Erde ... Südpfälzer Weinlagen diskutieren

Von Andrea Römmich, 74. Pfälzische Weinkönigin 2012/2013

An einem der schönsten Fleckchen der Erde, wo Mandeln, Spargel, Erdbeeren, Zitrusfrüchte, Feigen, Edelkastanien und Weinreben die Landschaft zu allen Jahreszeiten in die schönsten Kleider hüllen, sitzen sie zusammen und diskutieren:

»Ich bin die beste Weinlage von allen! Schließlich liegt mir das Deutsche Weintor zu Füßen. In meinem Ort Schweigen entspringt die Deutsche Weinstraße und hier beginnt gleich nach dem Elsass die Südpfalz. Nicht umsonst heiße ich Schweigener Sonnenberg, ich liege am südlichsten von euch allen und bin nicht nur mit Weinbergen bepflanzt, nein, auf mir wächst seit 1969 der erste Deutsche Weinlehrpfad.«

»Ach Sunneberch«, mischt sich der Billigheimer Venusbuggel ein. »Denkst du, bloß weil du am nächsten zu Frankreich bist, bist du der Beste? Ich hab' meinen Namen nicht von ungefähr. Ich bin nach der römischen Göttin der Liebe und der Schönheit benannt. Meine Winzer stecken genau diese Liebe, von meiner lieblichen Hand geführt, in die Reben. So entfalte ich meinen Charakter in jeder Flasche Wein. Außerdem findet in meinem Ort Billigheim das älteste Volksfest der Pfalz statt, der Purzelmarkt.«

Aufgeregt meldet sich der Birkweil'rer Kastanienbusch zu Wort: »Buggel? Warum häsch denn du eigentlich Buggel? Ich bin doch die steilste Weinlage der Südpfalz! Oder kann einer von euch mehr als 40 Prozent bieten? Auf mir sind zum Teil sogar Terrassen angelegt. Die Kastanienwälder um mich herum geben mir meinen Namen und schützen mich vor Wind und Wetter. Mein Boden ist einzigartig: Roter Schiefer, Granit und Melaphyr machen meine Weine außergewöhnlich mineralisch, rauchig und pfeffrig. Rieslinge, die auf meinem roten Boden, dem Rotliegenden, wachsen, sind langlebig und unverwechselbar.«

»Du bist vielleicht außergewöhnlich, aber ich bestehe aus dem Gestein, das unsere Region prägt wie kein zweites. Buntsandstein findet man überall, er kann gelb oder rot sein, er ist sozusagen unser bodenständiger Edelstein. An manchen Stellen findet man bei mir aber auch Muschelkalk, Lehm oder Kies. Meine Weine werden elegant und vielschichtig. Durch das Queichtal bin ich gen Süden ausgerichtet«, berichtet der Siebeldinger im Sonnenschein.

Da schwärmt das Roschbacher Rosenkränzel: »Mein Dorf fährt nicht nur auf die kräftigen, gehaltvollen Weine von

meinem Lössboden, sondern auch auf Radsport ab. In meinem idyllischen Örtchen finden jedes Jahr Radrennen statt. Mit unserer Gastfreundschaft und den Weinen aus meiner Lage heißen wir dann viele Gäste willkommen. Sie jubeln meinen Roschbacher Radstars und internationalen Sportlern zu. Und die sind alle höchstens mit einem guten Tropfen Roschbacher Rosenkränzel gedopt.«

Der Rhodter Rosengarten schmunzelt über seinen sympathischen Nachbarn, will dann aber auch von seinen Besonderheiten erzählen: »Ich, meine lieben Südpfälzer Freunde, bin mit den ältesten Rebstöcken bepflanzt. Meine Gewürztraminer-Stöcke sind über 400 Jahre alt und ein Wahrzeichen für mein Traminerdorf Rhodt. Auf meinem sandigen Lehmboden, der auch Kalkeinlagerungen aufweist, wachsen aber nicht nur kräftige Gewürztraminer, sondern auch gehaltvolle Burgunder. Mein lebensfrohes Rhodter Völkchen gibt sich nicht mit normalen Schoppengläsern zufrieden. Wir haben den ›Rhodter Piff‹, den Doppelschoppen, erfunden. Der kommt am besten bei unserem berühmten Heimat- und Blütenfest an Pfingsten zum Einsatz.«

Der Edenkobener Schwarzer Letten macht sich bemerkbar: »Heimat- und Blütenfest, das feiert man doch entlang der Theresienstraße, gell? Die Namensgeberin dieser Straße war die Frau unseres Königs Ludwig I. von Bayern, der 1846 den Grundstein für seine Sommerresidenz bei uns in Edenkoben legte. Ich liege dem schönen, von Kastanienbäumen umrahmten Schloss Villa Ludwigshöhe zu Füßen. Wie mein Name schon verrät, ist mein Grund und Boden aus dunklem, nährreichem Lehm. Ich muss die beste Lage sein, denn hier hat die Pfälzische Weinkönigin ihren ersten eigenen Weinberg. Außerdem wird in meiner weinfrohen Stadt Edenkoben das große Weinfest der Südlichen Weinstraße gefeiert. An diesem Fest werden auf Schloss Villa Ludwigshöhe die Weinprinzessinnen der Südlichen Weinstraße gekrönt.«

Und so diskutieren die Weinlagen der Südpfalz, welche wohl die Beste sei. Doch als die Abendstunde näherrückt und der »Flemlinger Zechpeter« die Rechnung bringt, konnte der »Ranschbacher Seligmacher« die Diskutierenden mit seinen abschließenden Worten wieder vereinen: »Die Vielfalt ist es, die uns, die Südpfalz, ausmacht. Unsere unterschiedlichen Böden verleihen den Reben individuelle, charakterreiche Trauben, aus denen die Winzer beste Weine zaubern. Gastfreundlich sind wir alle und unsere Feste ziehen Jahr für Jahr viele Gäste an. Diskutiert nicht, sondern freut euch über jede Rebe, die auf eurem kostbaren Boden wächst.« »Für Sorgen sorgt das liebe Leben und Sorgenbrecher sind die Reben.« *(Johann Wolfgang von Goethe, 1749 bis 1832, aus: Westöstlicher Divan)*

Für die Hilfe bei der Erstellung dieses Textes danken wir: Torsten Blank (Bürgermeister Billigheim); Weingut Ökonomierat Rebholz, Siebeldingen; Weingut Theo Minges, Flemlingen; Melanie Fischer (Roschbacher Weinprinzessin, 2012 bis 2014); Weingut Kastanienhof Fader, Rhodt

51

Kartoffel-Quarkauflauf

Von Wiltrud Rink, Steinweiler

1 Eigelb	mit
1 EL Margarine	sowie
75 g Zucker	schaumig rühren.
250 g Pellkartoffeln (vom Vortag)	reiben und mit
250 g Quark	unter die Zuckermasse rühren.
1 Eiweiß	zu Schnee schlagen und unter die Masse heben. Mit etwas
Zimt	abschmecken. Die Masse in eine Auflaufform füllen und
Semmelbrösel	darüberstreuen. Ein paar
Butterflocken	oben aufsetzen. Im Backofen 45 Minuten bei 160 °C backen.

**Blick von der Kalmit (672,6 Meter ü. NN)
auf die Südliche Weinstraße**

Eine Ruhebank am Ortseingang zu Weyher

Schokoladen-Pilz-Gnocchetti

Von Beate Gröbert, Birkenhördt

200 g mehlig kochende Kartoffeln	schälen, grob zerkleinern und in leicht gesalzenem Wasser garen. Dann ausdämpfen lassen und durch die Kartoffelpresse drücken. Mit
100 g Kartoffelmehl	sowie
3 Eigelb	
10 – 20 g Kakaopulver	und
Salz, Pfeffer	würzen. Die Masse zu einem homogenen, glatten Teig verarbeiten. Aus dem Teig fingerdicke Rollen formen, davon 2 bis 3 cm dicke Stücke schneiden, diese zu kleinen Klößchen formen und mit dem Gabelrücken leichte Rillen eindrücken. Die Gnocchetti in reichlich Salzwasser 1 bis 2 Minuten ziehen lassen, herausnehmen und kalt abspülen.
200 g Pilze (Sorte nach Wunsch)	putzen, in Streifen schneiden und in einer Pfanne mit
20 g Olivenöl	andünsten. Die Gnocchetti hinzufügen und kurz mitdünsten. Mit
Salz, Pfeffer	abschmecken und mit etwas
Kalbsfond oder Gemüsefond	ablöschen.
200 g frische Aprikosen oder aus der Dose	waschen, halbieren, Stein entfernen und dazugeben, alles kurz einkochen, bis das Ragout glasiert ist. Die Schokoladen-Pilz-Gnocchetti auf vorgewärmte Teller anrichten.

Als Hauptgericht reicht die Menge für 4 Personen, als Beilage für 6 Personen. Dazu einen fruchtigen, nicht zu trockenen Rotwein servieren.

Brauner Kräuter-Seitling – küchenfertig

Pfälzer Schales

Von DLR Rheinpfalz Ernährungsberatung, Neustadt

1 kg mehlig kochende Kartoffeln	sowie
¼ Knolle Sellerie	und
500 g Karotten	zunächst waschen, schälen und putzen, dann jeweils grob reiben.
1 Stange Lauch	halbieren, in feine Ringe schneiden und mit den übrigen Zutaten vermischen.
3 Eier	mit
300 g saure Sahne	verquirlen und mit
1 – 2 TL Salz, Pfeffer, Thymian	würzen.
100 g Dörrfleisch (oder Kochschinken)	fein würfeln und in
1 EL Fett	anbraten. Nun zusammen mit der Eimasse unter die Kartoffelmasse heben. Eine Auflaufform mit
Butter	ausreiben und die Masse einfüllen.
50 g geriebener Emmentaler	überstreuen und bei 200 °C etwa 50 bis 60 Minuten im Ofen backen.

54

Modernes Ambiente am Eingang zum Restaurant Walram in Bad Bergzabern

Blick von den Höhen zwischen Ranschbach und Birkweiler

Schneebällchen un Zwiwwelsoss

Von Sigrid Bäder, Bad Bergzabern

750 g Kartoffeln	kochen, pellen, durchpressen und auskühlen lassen. Dann
80 g Mehl	
80 g Kartoffelmehl	sowie
1 Ei	zufügen und alles gut vermengen. Mit
Salz, Pfeffer, Muskat	würzen. Den Kartoffelteig zu kleinen Klößen formen. Einen großen Topf mit Wasser aufkochen, darin die Klößchen 15 bis 20 Minuten ziehen lassen und mit einem Schaumlöffel aus dem Wasser nehmen.

Zwiwwelsoss

6 Zwiebeln	schälen, würfeln und in einem Topf mit
2 EL Butter	glasig dünsten.
150 ml Gemüsebrühe	auffüllen und
50 ml Sahne (oder Crème fraîche)	hinzufügen. Kurz aufkochen und dann reduzieren lassen, bis es sämig ist. Abschließend mit
Salz, Pfeffer	würzen.

Zum Andicken der Zwiwwelsoss kann man 2 bis 3 EL Mehl
mit Wasser anrühren und in die Sauce einrühren.

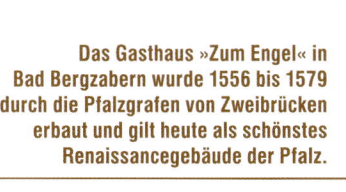

**Das Gasthaus »Zum Engel« in
Bad Bergzabern wurde 1556 bis 1579
durch die Pfalzgrafen von Zweibrücken
erbaut und gilt heute als schönstes
Renaissancegebäude der Pfalz.**

Landau – Stadt der Parkanlagen

Von Frank Hetzer, Dipl. Ing. für Landschaftspflege

Ein »Heimatkochbuch« und Parkanlagen – wie passt das zusammen? Sehr gut, fast perfekt – sind doch die Natur und selbst innerstädtische Grünflächen schon seit Jahrhunderten beliebte Orte für Picknick im Grünen. Zunehmend sind sie Orte kulinarischer Events und »Outdoor-Cooking« liegt ja ausgesprochen im Trend.

Immer häufiger gibt es auch in innerstädtischen Anlagen Stauden, Sträucher und Bäume, die schon lange Einzug in die fortschrittlichsten Küchen gehalten haben, um nur einige Beispiele zu nennen: Bärlauch, Giersch, Löwenzahn und Brennnessel. Von Kornelkirsche, Maulbeere und Mispel lassen sich köstliche Marmeladen herstellen und von letzterer sogar ein Schnaps, der im Hunsrück bekannte »Hundsärsch«. Felsenmispel wird nicht nur wegen ihrer herrlichen Blüte und Herbstfärbung geschätzt – von den Früchten lassen sich auch vorzügliche Gelees, Marmeladen, Säfte und Liköre zubereiten. Getrocknet sind die Früchte wie Rosinen zu genießen. Ahorn eignet sich für Sirup, Buchenblätter für Salate, Bucheckern für Öle, Lindenblüten liefern heilsame Tees. Sogar die Nüsse in den fleischigen Früchten des Fächerblatt-, Enten- oder Mädchenhaarbaumes (des Gingko) gelten geröstet, gebacken oder gekocht in China und Japan als kalorienarme Delikatesse. Nicht zu vergessen die Esskastanie und die Feigen ... und Dank des Klimawandels können wir vielleicht auch eines Tages in den Parkanlagen Oliven ernten ...

Wie kam es dazu, dass das eher kleine Städtchen Landau heute über einen so umfangreichen und großzügig angelegten Kranz von Parkanlagen verfügt?

Das Ende des Dreißigjährigen Krieges und der Westfälische Friede waren die Voraussetzung dafür, Ludwig dem XIV., dem Sonnenkönig, die Landvogtei über den elsässischen Zehnstädtebund zu übertragen. Dazu gehörte auch das etwa 2000 Einwohner große Städtchen Landau. 1687 schickte Ludwig XIV. seinen Festungsbaumeister Vauban nach Landau, nach dessen Plänen eine Festungsanlage mit achteckigem Grundriss errichtet wurde. Mit der Errichtung des Forts im Jahre 1702 fanden die umfangreichen Baumaßnahmen einen Abschluss. Die Festung bestand bis 1871, danach wurde Landau zur »offenen« Stadt erklärt, es erfolgte ein teilweise unkontrollierter Abriss der Festungsanlagen. Erst

Saisonale Blütenpracht im Goethepark, Landau

unter Leitung des damaligen Bürgermeisters Mahla und seiner Stadtbaumeister sowie einer Bau- und Entfestigungskommission und eines Verschönerungsvereines (der die Herstellung von Parkanlagen im »englischen« Stil zum Ziel hatte) nahm die heute noch erlebbare Gestaltung der Stadt ihren Anfang.

So entstand ab 1872 im Südwesten der so genannte »Westpark«. Mit dem Bau der Bahnlinie wurde er später geteilt, der 5,8 Hektar große westliche Teil wurde 1932 in »Goethepark« umgetauft, der kleinere, östlich der Bahn verbleibende Abschnitt wurde ab 1938 »Savoyenpark« genannt. Mit dem Bau der ersten Wasserleitung nach Landau im Jahre 1888 wurde gleichzeitig der noch heute existierende Springbrunnen gebaut. 1901 entstand die Konzertmuschel. Ab diesem Zeitpunkt waren die beliebten Konzerte der Militärkapelle immer dienstags im Park zu hören. Den im »englischen Landschaftsstil« errichteten Park zieren prächtige Bäume, unter anderem ein über 140 Jahre alter Ginkgo, die 1901 gepflanzte Kaisereiche, Linden, Buchen, Eichen, Ahorn, Tulpenbaum, Trompetenbaum und Taschentuchbaum: eine gute Mischung aus heimischen und fremdländischen Gehölzen.

In den folgenden Jahren entstanden im Osten der heutige Ostpark (bei dem ehemaligen Überschwemmungskessel 80) sowie der ab 1905 benannte Schillerpark. Es folgte der Nordpark, durch ihn führt noch heute die älteste Allee Landaus. Außerdem gibt es die Fortanlagen, früher als »Luitpoldpark« bekannt. Hier sind noch die gewaltigen Festungsmauern zu bewundern.

Bedingt durch Kriege und den Status einer Garnisonsstadt ließ man allerdings danach jahrzehntelang den zuvor geschaffenen Grünanlagen nicht die notwendige Sorgfalt zuteil werden. Erst die »SÜWEGA«, die 1949 ausgerichtete »Südwestdeutsche Gartenbauausstellung« war ein willkommener Anlass, die Parks wieder zu pflegen. Die Gartenbauausstellung war die erste nach dem Zweiten Weltkrieg in Süddeutschland. Ein für die Entwicklung der Stadt nachhaltiges Ereignis, das von über 400 000 Besuchern bewundert worden ist.

Ab etwa 1980 entstand, im Zusammenhang mit der Entwicklung eines Neubaugebietes, der so genannte »Südwestpark«. Nicht zu vergessen ist der über acht Hektar große Hauptfriedhof, dessen Bedeutung für das gute innerstädtische Klima nicht zu unterschätzen ist.

Die bevorstehende Eröffnung der »Landesgartenschau Landau 2015« wird gewiss dazu beitragen, dass sich Landau weiterhin zu Recht mit dem Attribut »Gartenstadt« zieren kann und ihre Spitzenposition im Vergleich zu anderen Städten in Deutschland beibehält. »Glücklich ist, wer diese Stadt seine Heimat nennen kann.«

Krokusblüte im Savoyenpark, Landau

Schmutzige Bratkartoffeln mit Endiviensalat

Von Rosemarie Weber, Landau

1 kg Kartoffeln	schälen, kochen, nach dem Abkühlen in Scheiben schneiden und in einer Pfanne mit
50 g Butterschmalz	kräftig rösten. Mit
Salz, Pfeffer, Muskat	würzen.
200 g Landleberwurst	Wursthülle entfernen, in Scheiben schneiden und unter die Bratkartoffeln heben.
1 Endiviensalat	waschen, in feine Streifen schneiden.
1 TL Salz, 2 TL Zucker	mit etwas
schwarzer Pfeffer	und
1 TL Senf	
2 EL Öl, 1 EL Essig	verrühren.
3 – 4 Zwiebeln	fein würfeln, zur Salatsauce zugeben. Die Sauce über den Salat gießen und vorsichtig unterheben. Mit den Bratkartoffeln anrichten.

58

**Figur aus Holz
vor dem Kakteenland in Steinfeld**

Im Kakteenland in Steinfeld

Kartoffelwaffeln

Von Sonja Burg, Berufsbildende Schule Germersheim/Wörth

5 gestr. EL Mehl	in eine Schüssel sieben, eine Mulde eindrücken und
½ Würfel Hefe (ca. 20 g)	hineinbröckeln. Mit
1 Prise Zucker	und
6 EL Milch	glattrühren und 30 Minuten gehen lassen, bis der Vorteig doppelt so groß ist. Nun
150 – 200 ml lauwarme Milch	zugeben und einen flüssigen Hefeteig herstellen, dann abdecken und nochmals 10 Minuten gehen lassen. In der Zwischenzeit
1 kleine Zwiebel	schälen und fein würfeln.
1 kleine Stange Lauch	putzen, waschen, in feine Ringe schneiden. Beides mit
150 g Dörrfleischwürfel	und
1 Ei	zum Teig geben, alles gut vermischen und 10 Minuten ruhen lassen.
1 kg Kartoffeln	waschen, schälen, fein reiben. Ein Geschirrtuch auf ein Sieb legen, die geriebenen Kartoffeln daraufgeben und ausdrücken. Die Kartoffelmasse mit
1 TL Salz, schwarzer Pfeffer	sowie
Muskat	würzen und zum Hefeteig geben. Nochmals gehen lassen.
50 g Butter	werden insgesamt zum Backen im Waffeleisen benötigt. Das aufgeheizte Waffeleisen mit etwas flüssiger Butter bestreichen. Die feststehende Seite des Waffeleisens mit so viel Teig begießen, dass alle Rillen bedeckt sind. Das Eisen langsam schließen und die Waffeln portionsweise goldbraun backen.

59

Dazu einen grünen Salat reichen.

Das Maskottchen vor dem Kakteenland in Steinfeld ist nicht zu übersehen.

Omas Rahmkartoffeln

Von Regine Horn, Germersheim

1 kg Kartoffeln	schälen und in Scheiben schneiden. In Salzwasser 20 Minuten garen. Eventuell zum Ende hin noch
50 – 100 ml Milch	aufgießen, bis die Kartoffeln bedeckt sind. Dann
200 ml Sahne	und
2 TL Gemüsebrühe (gekörnte Brühe)	einrühren.
400 g Fleischwurst (½ Ring)	häuten, in kleine Würfel schneiden und unter die Kartoffeln heben. Das Ganze einmal aufkochen, dann 10 Minuten erhitzen, aber nicht mehr kochen. Mit
Muskat, Pfeffer, Kräutersalz	abschmecken. Dann
½ Bund Petersilie	waschen, fein schneiden und über die Kartoffeln streuen.

> Bei mehlig kochenden Kartoffeln nach Bedarf noch etwas Milch zugießen, bei festkochenden Kartoffeln eventuell mit etwas angerührter Speisestärke abbinden.

Im Weinberg zwischen Arzheim und Landau: Erinnerung an das Dorf Servlingen

Typische Landschaft in der Südpfalz: Blick von Arzheim in Richtung Haardt

Pfälzer Kartoffelroulade

Von Fritz Lindemann, Club der Köche Südpfalz e.V., Landau

500 g Kartoffeln	garen, schälen, durch die Kartoffelpresse drücken und abkühlen lassen. Dann die Kartoffelmasse mit
50 g flüssige Butter	und
70 g Kartoffelstärke	
1 Ei	sowie
1 Eigelb	zu einem Teig mischen und mit
Salz, Pfeffer, Muskat	würzen. Zur Seite stellen.
100 g Rauchfleisch	und
30 g Zwiebeln	würfeln.
1 Knoblauchzehe	zerdrücken, mit Zwiebeln und Rauchfleisch in etwas
Butter	leicht andünsten.
250 g Spinat	hinzugeben und verrühren, mit
Salz, Pfeffer, Muskat	würzen und abkühlen lassen. Eine Bratfolie auslegen und mit etwas
Mehl	bestäuben. Den Kartoffelteig auf der Folie ausrollen, den ausgekühlten Spinat darauf verteilen und 2 cm Rand frei lassen.
1 Ei	verquirlen und auf die spinatfreien Ränder streichen. Den Teig mit Hilfe der Folie aufrollen, an den Enden verschließen und in Alufolie wickeln, gut verschließen und in kochendem Wasser etwa 30 Minuten garen.

61

Diese schmackhafte Beilage passt zu Rindfleisch in Godramsteiner Dornfelder (Rezept S. 105). Für den fleischlosen Genuss können Sie die Kartoffelroulade auch ohne Speck zubereiten.

Das Edesheimer Schloss ist eine mittelalterliche Wasser- und Fluchtburg.

Pfälzer Spargel
in Schnittlauchnage mit Kaviar

Von Vjekoslav Pavic, Restaurant Walram, Schlosshotel Bergzaberner Hof, Bad Bergzabern

1 kg Spargel	schälen.
2 l Wasser	mit
30 g Zucker	abschmecken. Das Wasser zum Kochen bringen, den Spargel einlegen und noch einmal aufkochen. Nun vom Herd nehmen und zugedeckt etwa 10 Minuten ziehen lassen.
50 g Schalotten	fein schneiden und in
10 g Butter	anschwitzen. Mit
50 ml Wermut (z.B. Noilly Prat)	und
100 ml Weißwein	ablöschen und etwa 3 Minuten köcheln lassen.
200 ml Fond blanc	dazugeben und auf die Hälfte reduzieren lassen. Anschließend
50 ml Sahne	und
40 g Butter	hinzufügen, noch einmal aufkochen, passieren und mixen.
½ Bund Schnittlauch	fein schneiden. Den Spargel in 1 cm große Würfelchen schneiden und in der Nage erhitzen. Im letzten Moment den Schnittlauch und
40 g Kaviar	dazugeben.

Eine Schnittlauchnage ist eine schaumige Buttersauce, wobei Schnittlauch und Spargel in der Butter kurz gegart werden.
Fond blanc ist die französische Bezeichnung für eine klare, helle Brühe – bestehend aus zerkleinerten Kalbsknochen, frischem Gartengemüse wie Lauch, Sellerie, Karotten, Kräuter und Gewürzen – die wie eine Fleischbrühe hergestellt wird.

Steinfelder Spargel mit Schnittlauch und Kaviar

Spargeltopf nach Winzer Art

Von Ursula Blaschke, Germersheim

4 Putenschnitzel (à 160 g)	in kleine Würfel schneiden und in
4 EL Butter oder Margarine	anbraten.
1 mittelgroße Zwiebel	würfeln und dazugeben.
400 g Spargel	schälen, in 2 bis 3 cm lange Stücke schneiden und zum Fleisch geben. Mit
3 EL Mehl	bestäuben und mit
250 ml trockener Weißwein	ablöschen.
200 ml Sahne	hinzufügen und 20 Minuten leicht köcheln lassen. Mit einigen Spritzern
Worcestersauce	sowie
Salz, Pfeffer, Zucker	abschmecken und mit frischem
Estragon	verfeinern.

63

Ostasien ist die Heimat des Estragons. Bereits vor 1000 bis 2000 Jahren wurde er von den Chinesen als Gewürz verwendet. Über Südeuropa erreichte dieses Gewürz im Mittelalter unsere Regionen unter dem Namen »Dragon«. Daraus entstand später der Name Estragon.

Am Spargelfest beteiligen sich auch die Kleinsten (hier die Grundschule VBG Dudenhofen).

Nachhaltige und gesunde Ernährung

Von Margarete Knauf, Ernährungsberatung Rheinland-Pfalz, DLR

Immer mehr Menschen entscheiden sich für eine vegetarische Ernährung. Die Gründe sind vielfältig und reichen vom einfachen »Den-Trend-Mitmachen« bis hin zu ethischen Beweggründen. Die Worte Vegetarismus oder Vegetarier leiten sich aus den englischen Wörtern »vegetable« (pflanzlich, Gemüse) und »vegetation« (Pflanzenwelt) ab.

Viele Menschen haben Bedenken auf Fleisch zu verzichten, sie befürchten, dass der Körper ohne Fleisch nicht alle lebensnotwendigen Nährstoffe bekommt. Dem ist jedoch nicht so. Wer eine Ernährungsweise wählt, die aus Getreide, Gemüse, Obst, Hülsenfrüchten, Nüssen und Samen besteht und außerdem noch Milchprodukte, Eier und Honig enthält, kann sich optimal mit allem versorgen, was der Körper braucht. Die Zubereitung der Speisen mit hochwertigen Pflanzenölen, sorgt außerdem für eine ausreichende Versorgung mit lebensnotwendigen Fettsäuren. »Pudding-Vegetarier«, die zwar auf Fleisch und Fisch verzichten, ansonsten aber wenig darauf achten, was sie essen, laufen Gefahr sich nicht optimal zu ernähren. Eine Fehlernährung ist vorprogrammiert. Werden verschiedene Lebensmittel miteinander kombiniert, wie zum Beispiel Kartoffeln mit Getreide oder Milch mit Kartoffeln, dann erhöht sich die Wertigkeit des Nahrungseiweißes. Beispiele hierfür sind Pellkartoffeln mit Quark oder ein Müsli, das Haferflocken und Joghurt enthält.

Eine vollwertige vegetarische Ernährungsform fördert die Gesundheit und wirkt präventiv gegenüber bestimmten ernährungsbedingten chronischen Erkrankungen. Verschiedene Studien stützen diese Aussage und zeigen im Detail, dass Vegetarier seltener übergewichtig sind und ein geringeres Risiko haben, an Diabetes Typ II zu erkranken. Die Blutdruckwerte sind niedriger, Bluthochdruck kommt seltener vor. Vegetarier leiden weniger an koronarer Herzkrankheit, weisen ein geringeres Krebsrisiko auf und haben insgesamt eine längere Lebenserwartung. Auch ein geringer Fleischverzehr (maximal einmal in der Woche) hat bereits positive gesundheitliche Wirkungen (Keller 2011). Das spricht wieder für den guten alten Sonntagsbraten, der heute zwar nicht mehr in Mode ist, aber unbedingt wieder entdeckt werden sollte. Laut einer aktuellen Studie der Universitäten Göttingen und Hohenheim, zeigen etwa 60 Prozent der Deutschen die Bereitschaft auf Fleisch zu verzichten. Dabei geht es nicht darum, Fleisch komplett zu meiden, sondern öfter vegetarisch zu essen.

Bereits 20 Prozent weniger Fleischkonsum in den Industrieländern hätte eine spürbare Auswirkung auf die Agrarpreise und die Ernährungssicherung armer Menschen in den Entwicklungsländern.

Die landwirtschaftliche Nutzfläche ist knapp. In den letzten Jahrzehnten ist die pro Person verfügbare landwirtschaftliche Nutzfläche gesunken, weltweit von durchschnittlich 1,43 Hektar pro Person auf 0,8 Hektar pro Person im Jahr 2002 (Koerber u.a. 2009). Diese Entwicklung wird auch im nächsten Jahrzehnt anhalten und betrifft weniger die entwickelten Länder als die Entwicklungsländer. Verschärfend kommt hinzu, dass die Industrieländer vor allem auf Grund von Futtermittelimporten mehr landwirtschaftliche Fläche nutzen, als sie im eigenen Land besitzen. Der Flächenbedarf für die Erzeugung tierischer Lebensmittel ist zum Teil deutlich höher als für die Erzeugung pflanzlicher Lebensmittel. Allerdings muss bei diesen Überlegungen auch bedacht werden, dass der überwiegende Teil der globalen landwirtschaftlichen Nutzfläche Weideland ist und nur durch die Haltung von Wiederkäuern genutzt werden kann, um gesundheitlich wertvolle Lebensmittel wie Rindfleisch und Milch zu erzeugen.

Bei der Erzeugung tierischer Lebensmittel ist der Wasserverbrauch im Durchschnitt höher als bei der Produktion von pflanzlichen Lebensmitteln.

Ob der Verbraucher jedoch öfter einen vegetarischen Tag in der Woche macht, hängt auch davon ab, wie lecker das vegetarische Gericht schmeckt und ob es ansprechend auf dem Teller oder in der Schüssel präsentiert wird.

65

Ein sinnvoller Aufruf

Heute **vegetarisch** essen

- der Gesundheit,
den Tieren,

Heute vegetarisch essen-
Ihrer Gesundheit und den Tieren zuliebe

Selbst wenn Sie Fleisch mögen ... www.selbst-wenn.de

Spargel-Schinken-Muffins (für 12 Stück)

Von Birgitta Kuntz, LandFrauen Herxheimweyher

350 g Spargel	schälen und in 1 cm große Stücke schneiden.
250 ml Wasser	in einem Topf mit
Salz, Zucker	aufkochen. Den Spargel darin etwa 10 Minuten garen, dann abgießen und dabei das Spargelwasser auffangen, abkühlen lassen.
100 g magerer Schinken (Schwarzwälder)	in kleine Würfel schneiden.
85 g Margarine	schmelzen und abkühlen lassen.
350 g gesiebtes Mehl	mit
1 Pck. Backpulver	
1 TL Natron	sowie
1 – 2 TL Petersilie (fein gehackt)	vermischen und mit
Salz, Pfeffer	würzen. Das abgekühlte Spargelwasser mit
2 Eier	und
120 g saure Sahne	mit dem Handrührgerät schaumig schlagen und die Margarine dazugeben. Die Mehlmischung löffelweise unterrühren. Spargelstücke und Schinkenwürfel unterheben. Die Masse in Papierförmchen oder in ein gefettetes Muffinblech füllen und etwa 25 Minuten im vorgeheizten Backofen bei 170 °C (Umluft) backen.

66

Club der Köche Südpfalz – hier beim gemeinsamen Spargelschälen

Schmorgurken

Von Marianne Böhm, LandFrauen Weingarten

Dieses Gericht kann nur im Spätsommer zubereitet werden, da hierfür überreife, schon gelbe Gurken aus dem Garten verwendet werden. Solche Gurken werden auch zum Einlegen von Senfgurken benötigt. Sie haben einen sehr aromatischen Geschmack.

1 kg reife Gurken	schälen, der Länge nach halbieren, die Kerne mit dem Löffel entfernen, die Frucht in 1,5 cm breite Stücke schneiden und mit
Salz	würzen.
500 g Schweinefilet	in dünne Scheiben schneiden und in
50 g Schweineschmalz	gleichmäßig anbraten. Die Gurkenstücke sowie
3 Bund Frühlingszwiebeln	
2 Knoblauchzehen	hinzufügen und mit
1 TL Paprika (rosenscharf)	
2 TL Zucker	und
3 TL Paprika (mild)	würzen. Etwa 12 Minuten schmoren lassen und zuletzt
250 g Crème fraîche	unterheben.

67

> Ein Kartoffelpüree eignet sich besonders gut als Beilage.

Straßenmusikanten im Schatten der Marktstraße in Landau

Kürbisse mit Spinat-Käse-Füllung

Von Beate Gröbert, Birkenhördt

4 kleine Kürbisse (z.B. Sweet Dumpling oder Jack be Little)	gut waschen, im Topf mit kochendem Wasser 5 Minuten garen, abtropfen und auskühlen lassen. Den Boden der Kürbisse gerade schneiden, damit sie aufrecht stehen. Von der Oberseite eine 1 bis 1,5 cm dicke Scheibe abschneiden und jeden Kürbis aushöhlen, so dass nur eine dünne Schale übrig bleibt. Das Fruchtfleisch würfeln und zur Seite stellen. Zwischenzeitlich den Backofen vorheizen.
6 große Champignons	waschen, entstielen und fein hacken.
2 Schalotten	fein hacken.
2 TL Butter	in der Pfanne erhitzen, darin Schalotten und Champignons andünsten.
100 g Spinat	waschen, fein hacken.
1 Knoblauchzehe	schälen, klein schneiden, beides mit
1 TL Sojasauce	etwa 5 Minuten schmoren lassen, bis der Spinat weich und die Flüssigkeit verdampft ist. Den Spinat mit den Champignons in eine Schüssel geben, vermischen und abkühlen lassen. Das Kürbisfruchtfleisch andünsten und zur Füllung geben. Die Füllung anschließend mit
Muskat, Cayennepfeffer	und
schwarzer Pfeffer	pikant abschmecken.
1 großes Ei	mit
50 g geriebener Emmentaler	verquirlen und unter die Füllung mischen. Die ausgehöhlten Kürbisse damit füllen. Die Kürbisse nebeneinander in eine ofenfeste Form stellen und mit
25 g geriebener Emmentaler	bestreuen. Den Boden der Form fingerbreit mit Wasser bedecken. Die Kürbisse etwa 30 Minuten im vorgeheizten Backofen bei 200 °C backen, bis die Füllung gar und die Kürbisse weich sind.

Als Beilagen passen Vollkornbrot und ein frisch zubereiteter Salat.

Frisch vom Markt

Lauch-Schinken-Pastete

Von Ursula Badergoll, LandFrauenverein Mörlheim

125 g Mehl	mit
½ TL Backpulver	sowie
Salz	
1 Prise Estragon	
100 g geriebener Emmentaler	
1 Zwiebel (fein gehack)	
1 Ei	
2 EL Milch	und
35 g Butter	zu einem Knetteig verarbeiten. Den Boden und Innenrand einer Springform mit Teig auslegen.

> Dazu eine
> Tomatensauce
> und Salat reichen.

Füllung

500 g Lauch	putzen, in 1 cm lange Stücke schneiden und in
250 ml Salzwasser	etwa 5 Minuten blanchieren, dann abkühlen lassen.
100 g Dörrfleisch	würfeln, hellgelb braten und ebenfalls abkühlen lassen.
150 g Kochschinken	würfeln und mit dem Lauch und dem Dörrfleisch vermischen. Die Füllung auf dem Teig verteilen.
3 Eier	mit
125 ml Sahne	verquirlen, mit
Muskat, weißer Pfeffer	würzen und gleichmäßig über die Füllung gießen. Die Pastete bei 200 °C etwa 45 Minuten backen.

69

Sommerfreude im Freibad Landau

Der Kraut und Rüben Radweg

Von der Interessengemeinschaft Kraut und Rüben Radweg e.V.

Der Kraut und Rüben Radweg ist ein landwirtschaftlicher Themenradweg. So führt er auch auf Wirtschaftswegen durch Weinberge, Acker-, Gemüse- und Obstfelder. Es sind über 60 Winzer- und Bauernhöfe, Hoteliers, Gastronomen, Freizeiteinrichtungen sowie Dienstleistungsanbieter, die ihr Angebot speziell auf Radler abgestimmt haben.

Träumen Sie auch von einer herrlichen Naturlandschaft, liebenswerten Menschen, spannenden bäuerlichen Besichtigungen und interessanten Informationen rund um die Landwirtschaft? Dann entdecken Sie per Rad den 139 Kilometer langen Kraut und Rüben Radweg in der sonnenverwöhnten Pfalz: Von Bockenheim über Weisenheim a.S., Haßloch, Neustadt-Duttweiler, Altdorf, Zeiskam, Offenbach, Herxheim, Kandel nach Schweigen-Rechtenbach zum Deutschen Weintor.

Genießen Sie einen Streifzug durch die vielfältigen Landschaftstypen entlang des Radweges. Im Frühling: ein Radlerpicknick inmitten rosablühender Obstbäume. Im Sommer: schattiges Radeln durch die Waldauen und anmutig blühende Tabak- sowie Sonnenblumenfelder! An warmen Herbsttagen: Duft von frisch geschnittenem Blumenkohl oder neuem Wein! Diese Erlebnisse bleiben in ewiger Erinnerung.

Besuchen Sie auch die Wein- und Sektmacher entlang der Route, die immer einen edlen Tropfen bereitstehen haben oder machen Sie doch eine Apfelprobe oder genießen Sie die kulinarischen Köstlichkeiten der neuen Pfälzer Küche. Entlang der Route finden Sie aber auch spannende bäuerliche Geschichten zum Beispiel im »Ältesten Haus« in Haßloch – und vielleicht begegnet Ihnen um Offenbach auch Meister Adebar. Radeln sie los!

Wie eine kostbare Perlenkette reihen sich die 40 historischen Gemeinden entlang des Kraut und Rüben Radweges aneinander. Jedes Dorf ist einzigartig in seiner Geschichte und in seinen Traditionen, mit seinen Fachwerkhäusern oder klassizistischen Gutshäusern.

Gut die Hälfte des Kraut und Rüben Radweges führt durch die Südliche Weinstraße bis nach Schweigen-Rechtenbach. Besuchen Sie dabei Altdorf (Zeugnisse einer über 1000-jährigen Geschichte), Knittelsheim (ein schmucker Ort), Kandel als Tor zum Bienwald, Herxheim mit Hayna (einem traditionsreichen Tabakdorf) und Schweigen-Rechtenbach mit dem Wahrzeichen »Deutsches Weintor« an der französischen Grenze zu Wissembourg.

70

Radtour auf dem Kraut und Rüben Radweg

Karotten-Kartoffel-Stampf

Von Sonja Burg, Berufsbildende Schule Germersheim/Wörth

800 g Karotten	waschen, schälen und in Scheiben schneiden.
1 kg Kartoffeln	waschen, schälen, in Stücke schneiden und im Kartoffeldämpfer garen oder in einem Topf mit wenig Wasser dünsten. Die Karotten in
500 ml Wasser	mit
¼ TL Zucker, ½ TL Salz	und
½ TL gekörnte Brühe	etwa 20 Minuten garen. Dann abgießen und das Kochwasser auffangen. Die Karotten zerstampfen.
30 g Margarine	schmelzen.
30 Mehl	einrühren und anschwitzen lassen. Unter Rühren die aufgefangene Gemüsebrühe zugießen und die gestampften Karotten zugeben. Die garen Kartoffeln durch die Presse drücken, dazugeben und gut verrühren. Mit
Salz, Pfeffer, Muskat, Zucker	abschmecken. Für die Garnitur
1 kleine Zwiebel	schälen, in feine Ringe schneiden und in
1 TL Öl	in der Pfanne goldbraun braten.

71

Geeignet als Hauptgericht oder als Beilage
zu Bratwurst, Gulasch und Braten.

In der Südlichen Weinstraße wird auch Gemüse angebaut.

Sommerspinat-Klöße

Von Marianne Böhm, LandFrauen Weingarten

Sommerspinat wird ab März im Handel angeboten. Dieser ist im Geschmack milder als der Winterspinat.

1 kg Spinat	sehr gründlich waschen, danach 3 Minuten in einen heißen Topf geben und den Deckel auflegen. Der Spinat fällt sofort zusammen. Den Spinat nun gut ausdrücken, in ein Sieb geben und anschließend fein hacken.
250 g Quark	über Nacht in einem Sieb abtropfen lassen und mit dem Spinat vermischen.
4 Eigelb	sowie
4 EL Mehl	unterrühren und mit
Salz, Pfeffer, Muskat	würzen. Mit zwei Esslöffeln Nocken aus der Spinatmasse formen und diese in siedendem Salzwasser etwas 12 Minuten garziehen lassen, aber nicht kochen. Empfehlung: Einen Probekloß herstellen und wenn dieser zerfällt, noch etwas Mehl hinzufügen.

72

Zu diesem Gericht eine Käsesauce servieren. Die Spinatklöße eignen sich auch gut als Beilage zu Fischgerichten.

**Burg Landeck
bei Klingenmünster**

**Blick von Klingenmünster
in Richtung Eschbach**

Fenchel-Tomaten-Auflauf

Von Gudrun Dodel, Rhodt

1 kg Fenchelknollen	von welken und schlechten Stellen befreien, halbieren und in Wasser kernig garen, abgießen und abtropfen lassen.
250 g Mozzarella	und
2 Sardellen	in kleine Stücke schneiden.
100 g schwarze Oliven	und
500 g frische Tomaten	in Scheiben schneiden und mit
1 TL getrocknetes Basilikum	sowie
Pfeffer, Salz	würzen. Dann
150 g Tomaten	fein hacken und in eine feuerfeste Form geben, den Fenchel, die Tomaten-Olivenmischung und den Mozzarella mit den Sardellen fächerförmig daraufschichten. Im Ofen bei 200 °C etwa 15 bis 20 Minuten backen.

Als Beilage Landbrot, Kartoffelbrei oder Reis servieren.

73

Klingenmünster am Fuß der Burg Landeck

Frisches Gemüse für einen leckeren Auflauf

Schwarzwurzel-Gemies

Von DLR Rheinpfalz Ernährungsberatung, Neustadt

1 kg Schwarzwurzeln	putzen, schaben und in schwaches
Essigwasser	legen, um eine Rotfärbung zu vermeiden. Dann in 2 bis 3 cm lange Stücke schneiden und in Salzwasser garen. Anschließend abgießen und das Kochwasser aufbewahren.
1 – 2 Stangen Lauch	der Länge nach halbieren und in feine Streifen schneiden.
150 g Kochschinken	fein würfeln. Die abgetropften Schwarzwurzeln, Lauch und Schinken abwechselnd in eine gefettete Auflaufform geben.
2 EL Butter	in einem Topf zerlassen, dann
2 EL Mehl	einrühren und mit
250 ml Milch	aufgießen, verrühren. Dann mit 250 ml Kochwasser auffüllen, verrühren und kurz aufkochen lassen. Mit
Salz, Pfeffer	abschmecken und über die Zutaten in der Auflaufform gießen.
100 g geriebener Emmentaler	darüberstreuen und bei 180 °C etwa 30 Minuten backen.

74

Der Landauer Markt ist einer der größten Frischemärkte an der Südlichen Weinstraße.

Pilzpfanne

Von Marianne Böhm, LandFrauen Weingarten

4 Eiweiß	sehr steif schlagen.
4 Eigelb	mit
150 ml Milch	
100 g Joghurt	und
160 g Mehl	gut verrühren, dann das Eiweiß vorsichtig unterheben. Eine Auflaufform mit
Butter	ausstreichen und die Teigmasse in der Form verteilen.
500 g frische Mischpilze	putzen, schneiden und in sehr heißem
Fett	anbraten. Mit
Salz, Pfeffer	würzen und die Pilze auf dem Teig verteilen. Im Ofen bei 180 °C etwa 15 Minuten backen.
1 Bund Schnittlauch	in Röllchen schneiden und zum Garnieren verwenden.

75

Schlabberkraut

Von Rosemarie Weber, Landau

250 g Dörrfleisch	in dünne Scheiben schneiden. Die äußeren Blätter von
1 mittelgroßer Weißkrautkopf	entfernen, waschen und vierteln. Dann die Kohlblätter vom Strunk blattgroß herunterschneiden, waschen und auf einem Sieb gut abtropfen lassen. Das Dörrfleisch im Topf leicht anbraten, das Kraut hinzufügen, mit
1 gestr. TL Salz	sowie
schwarzer Pfeffer	würzen und gut vermischen.
250 ml trockener Riesling	auffüllen und etwa 30 Minuten schmoren, bis es »schlabbrig« ist.

> Als Beilage passen Pellkartoffeln dazu. Je nach Bedarf etwa 250 ml Fleischbrühe zum Verdünnen zugeben.

Pfifferlinge sind nicht selten im Pfälzer Wald.

Seezungenröllchen auf Spinat

Von Brigitta Kuntz, LandFrauen Herxheimweyher

2 EL Olivenöl	mit dem Saft von
1 Zitrone	sowie
2 – 3 EL Basilikum (frisch gehackt)	zu einer Marinade verrühren.
8 Stück Seezungenfilets (à 80 g)	in eine Auflaufform legen und mit der Marinade beträufeln, 30 Minuten ziehen lassen. Die Filets aus der Marinade nehmen und mit
Salz, Pfeffer	würzen. Die Filets mit der Außenseite nach innen rollen und mit Holzspießchen fixieren. Die Röllchen dicht nebeneinander in einen Dämpfeinsatz setzen und 4 Minuten über kochendem Wasser dämpfen.

Der Spinat

1 Knoblauchzehe	schälen, hacken und in
1 EL Olivenöl	mit
40 g Pinienkerne	in einer Pfanne kurz anrösten. Dann
400 g frischer Spinat	waschen und putzen, in die Pfanne hinzugeben und bei starker Hitze dünsten, bis er zusammenfällt und die Feuchtigkeit verdampft ist.
125 ml Sahne	unter den Spinat rühren und mit
Salz	würzen.

Den Spinat mittig auf den Tellern anrichten und mit den Seezungenröllchen umlegen.

Der Fanfarenzug e.V. der Freiwilligen Feuerwehr Herxheim hat sich aufgestellt.

Pfälzer Wald-Forelle oder Saibling in Silvaner

Von Hannelore und Stefan Hafen, Wohlfühlhotel Alte Rebschule, Rhodt Rietburg

1 l Silvaner (Pfälzer Wein)	mit
2 Lorbeerblätter	sowie einer Gewürzmischung aus
Pfeffer, Piment	und
Wacholderbeeren	erhitzen und einen Sud herstellen. Dann
1 kleine Zwiebel	sowie
2 Scheiben Zitrone	hinzufügen und alles kräftig durchkochen.
4 Forellen oder Saiblinge (küchenfertig)	abspülen und im leicht wallenden Sud 15 Minuten ziehen lassen.

> Als Beilage passen junge Pfälzer Kartoffeln, grüner Spargel und zerlassene Butter. Servieren Sie dazu einen Silvaner oder einen leicht gekühlten Portugieser als Rot- oder Roséwein.

77

Blick über Alberweiler

**Gastlichkeit im Wohlfühlhotel
Alte Rebschule in Rhodt unter Rietburg**

Forelle »Birkenthaler Hof« (für 1 Person)

Von Franz Sanda, Gasthaus Birkenthaler Hof, Eußerthal

1 frische Forelle (ca. 300 g, küchenfertig)	mit
Salz, Pfeffer	würzen und in etwas
Mehl	wenden. In einer heißen Pfanne mit
3 EL Rapsöl	von beiden Seiten goldgelb anbraten. Den Backofen auf 180 °C vorheizen und die Forelle auf einer Platte oder einem Rost etwa 8 bis 10 Minuten garen.
15 – 20 g Speck	würfeln und einem Töpfchen mit
2 EL Olivenöl	kräftig anbraten, dann
2 EL Butter	zugeben.
¼ Knoblauchzehe (gewürfelt, in Olivenöl eingelegt)	hinzufügen.
Je 1 Rosmarin-, Thymian-, Olivenkrautzweig	und
2 Salbeiblätter	klein schneiden bzw. fein hacken. Kurz vor dem Anrichten zum Speck zugeben, in der Butter kurz aufschäumen und vom Feuer nehmen.
1 kleines Bund Petersilie	hacken. Die Forelle auf einen vorgewärmten Teller legen, die Speck-Kräutermasse darüber verteilen und mit Petersilie bestreuen. Mit
2 – 3 Zitronenspalten	garnieren.

78

Als Beilage reichen Sie Salzkartoffeln.

Gasthaus Birkenthaler Hof in Eußerthal: Franz Sanda mit frischem Fisch aus dem eigenen Fischteich

Forellenzüchter mit Leib und Seele

Forellenzucht und Teichwirtschaft

Die mitten im Herzen des Biosphärenreservats Pfälzer Wald liegende Forellenzucht von Dominik Hans ist ein wahres Idyll. Umgeben von unberührter Natur und glasklarem Wasser aus dem Helmbach züchtet er hier Forellen und Saiblinge nach alter Tradition. Der gelernte Fischwirt übernahm 2004 den seit 1963 bestehenden elterlichen Betrieb, der bereits in zweiter Generation geführt wurde.

Die Anlagen umfassen derzeit 13 Teiche, werden vom Quelleinzugsgebiet des Helmbachs gespeist und bieten hervorragende Bedingungen für die Forellenzucht. Dies ist ein optimaler Lebensraum für robuste, gesunde und widerstandsfähige Besatzforellen sowie schmackhafte Speisefische in bester Qualität. Neben der heimischen Bachforelle aus dem Helmbach/Speyerbach züchtet Dominik Hans Regenbogenforellen, Bachsaiblinge, Lachsforellen und Goldforellen. Die Nachzucht der Bachforellen stammt von Wildfängen aus dem Speyerbach und der Queich ab.

Mit Liebe und Sorgfalt züchtet er seine Fische aus dem Ei. In den Monaten November bis Februar, so berichtet der gelernte Fischwirt, wenn die Laichzeit der erwachsenen Fische ansteht, streift er seine Fische ab, um die Nachkommenschaft zu sichern. Ganz besondere Fürsorge gilt den befruchteten Eiern, die täglich kontrolliert, sortiert und ausgelesen werden müssen.

Nachdem die Fischlarven geschlüpft sind und schwimmen können, gewöhnt er sie an das Trockenfutter und behält sie in so genannten Rundstrombecken, bis sie eine Größe von vier bis sechs Zentimetern erreicht haben. Sind die Jungfische auf diese Größe herangewachsen, werden sie in die großen Teiche eingesetzt. Seine Jungfische werden in den mit Frischwasser gut durchströmten Erdteichen, mit einem natürlichen Bewuchs an Wasserpflanzen und Fischnährtierchen, aufgezogen und wachsen daher unter besten Lebensbedingungen auf. Eine artgerechte Haltung und hochwertiges Futter garantieren eine gleichbleibend hohe Qualität. Nach etwa 15 Monaten werden die Forellen als Besatz- und Speisefische vermarktet.

Kunden sind Angelsportvereine, Gastronomiebetriebe und Einzelkunden. Des Weiteren ist Dominik Hans auf regionalen Bauernmärkten vertreten, bei denen er vor Ort unter anderem heißgeräucherte Forellen zum sofortigen Verzehr anbietet. Die Produktpalette reicht von ganzen küchenfertigen Speisefischen über Filets und Räucherware bis hin zu Fischplatten und -pasteten für diverse Veranstaltungen. Als kulinarisches Schmankerl preist er sein Rillet von der Pfälzer Bachforelle an – ein wahrer Gaumenschmaus.

Dominik Hans ist Forellenzüchter im Helmbachtal. Hier prüft er die Größe der Forellen direkt am Fischteich.

79

Pannfisch von Rheinzander und Pfälzer Grumbeere mit Schalotten-Senf in Meerrettichschaum

Von Karl-Emil Kuntz, Hotel Krone, Herxheim-Hayna

Schalotten-Senf

8 EL Schalottenwürfel	in
65 g Butter	anschwitzen.
4 EL mittelscharfer Senf	dazugeben und mit
100 ml Brühe	ablöschen.
1 Chilischote	zugeben und mit
Salz, Pfeffer	abschmecken. Die Marinade dickflüssig einreduzieren und abkühlen lassen. Die Chilischote wieder entnehmen.

Pannfisch

4 große Kartoffeln	in 5 mm dünne Scheiben schneiden, in 170 °C heißem
Frittierfett	ausbacken. Die Kartoffeln sollen innen noch weich und außen knusprig sein. Danach auf Küchenkrepp abtropfen lassen.
750 g Filets vom Rheinzander	in 3 mm dünne Scheibchen schneiden und mit
Salz, Zitronensaft	würzen. In einen Metallring zuerst eine Kartoffelscheibe legen, dann 1 Teelöffel von der Schalotten-Senf-Marinade auftragen, nun Zanderscheibchen 1 cm hoch einschichten und wieder mit der Marinade bedecken. Diese Arbeitsschritte dreimal wiederholen. Den Pannfisch im vorgeheizten Backofen bei 180 °C etwa 10 bis 12 Minuten garen.

Pannfisch von Rheinzander

Meerrettichschaum

35 g Butter	und
35 g Mehl	zu einer Mehlschwitze verarbeiten.
1 kleine Stange Meerrettich	frisch reiben, davon ein Drittel zur Mehlschwitze geben, kurz anschwitzen und mit
400 ml Milch	sowie
100 ml Brühe	ablöschen. Mit
Salz, Pfeffer, Muskat	würzen und aufkochen lassen.
1 EL gekörnter Senf	und
2 EL Crème fraîche	zugeben. Die Sauce bei mittlerer Hitze etwa 30 Minuten köcheln lassen und kurz vor Ende der Garzeit den restlichen Meerrettich unterrühren. Durch ein Sieb passieren, kurz vor dem Servieren aufschäumen und mit
2 EL geschlagene Sahne	verfeinern.

Den Pannfisch mittig auf dem
Teller anrichten und mit dem
Meerrettichschaum ausgarnieren.

**Eine schöne Fachwerkkulisse
in Herxheim-Hayna – mit dem Hotel Krone**

81

Forellenfilet auf Rote-Bete-Kartoffelpüree
(für 2 Personen)

Vom WeinGut Fritz Walter, Niederhohrbach

3 mittelgroße Kartoffeln	schälen, waschen und halbieren.
2 Rote Bete (insgesamt 200 g)	putzen, gründlich waschen und zugedeckt in kochendem Salzwasser 30 bis 40 Minuten garen. Während der letzten 10 Minuten Garzeit die Kartoffeln zufügen. Die Rote Bete noch warm schälen, grob schneiden und mit den Kartoffeln zu Püree stampfen. Dabei
7 EL Milch	einrühren und mit
Salz, Pfeffer	abschmecken, warm halten.
1 Zitrone	waschen, trockenreiben, 2 Scheiben abschneiden und den Rest der Zitrone auspressen.
2 Forellenfilets (à 125 g)	abspülen, trockentupfen und die Hautseite zweimal leicht einschneiden. Mit dem Zitronensaft beträufeln und mit
Salz	würzen.
1 TL Haselnussblättchen	ohne Fett rösten, zur Seite stellen.
1 TL Öl	in der Pfanne erhitzen. Die Forellenfilets darin erst auf der Hautseite etwa 3 Minuten anbraten, dann wenden und 2 Minuten weiterbraten. Die Zitronenscheiben kurz mitbraten.
2 Stiele Dill	zupfen und mit den Nussblättchen über den Fisch streuen.

Den Fisch auf das Rote-Bete-Kartoffelpüree legen.

Die Besenbinder beim Festumzug in Ramberg

Zwiebelfisch

Vom LandFrauenverein Steinweiler

750 g marktfrische Fischfilets	waschen, säubern, mit Saft von
1 Zitrone	beträufeln und mit
Salz, Pfeffer, Paprikapulver	würzen.
500 g Zwiebeln	schälen, in Ringe schneiden.
50 g Butter	erhitzen und die Zwiebelringe darin dünsten. Anschließend in eine feuerfeste Form geben und die Fischfilets darauflegen. Mit
125 ml Sahne	übergießen und mit
Salz, 1 TL Parikapulver	abschmecken. Bei 200 °C etwa 20 Minuten im Ofen backen.

83

Die Bäckerinnen beim Festumzug Ramberg

**Ein Kunstwerk: die bäuerliche
Ährenkrone aus Getreide beim Umzug**

Wandern auf historischen Pfaden – der Marktweg

Vom Verein Südliche Weinstraße Annweiler am Trifels e.V.

»Der weite Marktweg unter dem Scharfeneck und am Zimmerplatz vorbei nach Landau und über den Abschel und Rotsteig nach Edenkoben und zurück hat wohl viele Seufzer müder Marktgänger von Ramberg gehört.« So schreibt Dr. Lukas Grünenwald, Historiker und Ehrenbürger von Dernbach, über den historischen Weg der Marktbeschicker aus dem Pfälzerwald.

Für den heutigen Wanderer ist es ein Vergnügen – für die schwer beladenen Bauern auf dem Weg zum Wochenmarkt nach Landau war es dies sicher nicht. 1801 wird Ramberg ausdrücklich als Dorf genannt, dessen Einwohner auf diesem Markt vertreten sind. Schon aus dem Jahr 1748 ist die Beschwerde des Bauern Ludwig Emler aus Ramberg überliefert, der wegen der Standgebühr beim Stadtrat Einspruch erhob. Die Männer trugen die Waren auf dem Rücken, die Mädchen und Frauen in Körben auf dem Kopf. Neben den üblichen landwirtschaftlichen Produkten – die in den Gemeinden des Pfälzerwaldes aufgrund der Topographie allerdings spärlich ausfielen und meist zum Eigenverbrauch angebaut wurden – waren die Dernbacher bekannt für Kirschen und Kirschwasser, die Ramberger dagegen für Bürsten und Besen.

Von ihren verdienten Münzen kauften die Dorfbewohner Salz, Öl, Kleidung und Hausrat. Das alles mussten sie dann zurücktransportieren. Außerdem wurde der Weg dazu genutzt, die Märkte mit Erzeugnissen der Holzverarbeitung zu beliefern. Bis zum Bau der Eisenbahn von Landau über Albersweiler nach Zweibrücken im Jahr 1873 und der Einführung des Postautos, wurde der Weg begangen. Neben den Menschen, die zum Markt nach Landau oder Edenkoben gelangen wollten, mussten auch manche Gymnasiasten die weite Strecke täglich gehen.

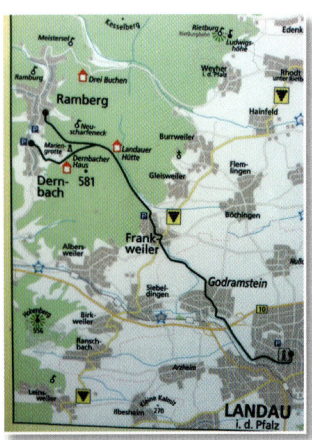

Info-Tafel am Marktweg

Gebratener Bachsaibling auf geröstetem Gemüse

mit Zitronen-Kapern-Marinade (für 2 Personen)

Von Magnus Zimmermann, Kurhaus Trifels Seminarhotel GmbH, Annweiler-Bindersbach

Zitronen-Kapern-Marinade

1 Zwiebel	schälen, in feine Würfel schneiden, in einen Topf geben, mit etwas
Olivenöl	übergießen und leicht schmoren. Mit
3 – 4 EL weißer Balsamico	ablöschen.
1 EL Kapern	fein hacken, hinzufügen und von der Kochstelle nehmen.
1 Zitrone	filetieren. Filets und Saft zur Marinade geben und mit
Salz, Pfeffer, Majoran	abschmecken.

Bachsaibling auf Gemüse

10 kleine, neue Kartöffelchen	waschen und in ausreichend Wasser zum Kochen bringen.
1 Paprikaschote	waschen, halbieren, entkernen.
1 Zucchini	und
1 Aubergine	waschen. Das gesamte Gemüse in 1 bis 2 cm dicke Scheiben schneiden und in
3 – 4 EL Olivenöl	anbraten und mit
Salz, Pfeffer, Majoren	würzen.
1 Bachsaibling	filetieren und noch vorhandene Gräten entfernen. Mit
Salz, Pfeffer	würzen, in
Mehl	wenden und in
1 – 2 EL Olivenöl	von jeder Seite etwa 2 Minuten braten.

85

Das Gemüse mittig auf Tellern anrichten, die Fischfilets darauf schräg anlegen. Die Kartöffelchen außen herumlegen und die Marinade auf dem Fisch und drumherum verteilen.

Annweiler Rathausplatz

Räucherforellen-Filet auf Spitzkohl im Pfifferlingsrahm

Von Peter Hemmler, Landau

800 g Kartoffeln	schälen, waschen und in Salzwasser 18 bis 20 Minuten zugedeckt garen.
1 Spitzkohl	äußere Blätter entfernen, den Kohl ohne Strunk in 3 cm große Stücke würfeln und in
3 – 4 EL Butterfett	andünsten.
500 g Pfifferlinge	säubern, zum Spitzkohl geben und andünsten.
150 Crème fraîche	sowie
3 EL Tomaten-Paprikapaste	einrühren. Noch 2 bis 3 Minuten köcheln und mit
Salz, Pfeffer, Muskat	würzen.
4 Räucherforellen	filetieren und mit
2 EL Zitronensaft	beträufeln. Die Filets auf dem Spitzkohl anrichten und mit
Petersilie	garnieren. Die Salzkartoffeln dazu servieren.

86

Die Jugendstil-Festhalle in Landau wird für Theateraufführungen, Konzerte und Kongresse genutzt.

Gebratenes Forellenfilet an weißer
Limetten-Schokoladensauce mit Zucchinigemüse

Von Thomas Storz, Hotel Schweigener Hof, Schweigen-Rechtenbach

200 ml Fischfond	aufkochen, dann
100 ml Sahne	dazugeben, bei kleiner Hitze etwas reduzieren und den Saft von
1 Limette	hinzufügen. Mit
Salz, Pfeffer	abschmecken und mit
50 g weiße Schokolade	abbinden. Die Sauce warm stellen.
2 mittelgroße Zucchini	waschen, in Scheiben schneiden, in der Pfanne mit
2 – 3 EL Olivenöl	anbraten und mit
Salz, Pfeffer	würzen.
4 Lachsforellenfilets (ca. 1 kg)	zunächst mit
Salz, Pfeffer	würzen, danach in etwas
Mehl	wenden und mit
50 g Butter	sowie
1 Thymianzweig	in einer Pfanne goldgelb anbraten. Dann gar ziehen lassen.

> Als Beilage passen Bandnudeln.

87

Serviervorschlag

Das Zucchinigemüse in der Mitte der Teller anrichten, die Forellenfilets oben aufsetzen, die Sauce kurz aufschäumen und überträufeln.

Der Schweigener Hof in Schweigen-Rechtenbach

Gude Lewwerknepp (Gute Leberklöße)

Von Hannelore Riedesel Fz. E., Schwegenheim

Eine Pfälzer Hausfrau formt 8 Klöße aus der Masse, also pro Person 2 Stück.

2 l Bouillon	aufkochen.
250 g Kalbsleber	sowie
250 g Rinderleber	
250 Schweinekamm (ohne Knochen)	
2 Zwiebeln	und
1 Bund Petersilie	durch den Fleischwolf drehen.
4 trockene Wasserwecken (Brötchen)	mit
500 ml kochendes Wasser	übergießen und 20 Minuten ziehen lassen.
2 Eier	und
1 EL Majoran	unter den Fleischteig mischen, mit
Salz, Pfeffer	würzen. Die Brötchen ausdrücken und unter den Teig mischen. Mit einem Löffel Knödel aus dem Teig stechen und in der siedenden Bouillon etwa 15 Minuten gar ziehen.

> Dazu servieren Sie Braun Zwiwwel-Soss (Rezept S. 131).
> Als Beilagen passen mit Riesling zubereitetes Sauerkraut und
> frisches, herzhaftes Brot.

**Vereinigungs- und Friedensdenkmal
in Edenkoben auf dem Werdernberg**

Houschder Knepp (Hochstadter Klöße)

Von Anita Glahn-Schweder, Hochstadt

500 g gemischtes Hackfleisch	in eine Schüssel geben.
1 Brötchen	einweichen, ausdrücken und zum Hackfleisch geben.
2 Eier	sowie
1 Zwiebel (fein gewürfelt)	hinzufügen.
2 EL gehackte Petersilie	dazugeben, alles gründlich vermengen und den Hackteig mit
Salz, Pfeffer, Muskat	abschmecken. Aus dem Teig Klöße formen und in kochende
Fleischbrühe (oder Salzwasser)	legen. Etwa 20 Minuten garziehen lassen.

> Dazu servieren Sie Pfälzer Meerrettisch-Soss (Rezept S. 129). Als Beilage passen süßsaure Zwetschen, süßsaure Gurken oder Gewürzgurken.

Winterlicher Blick von einem oberhalb des Birnbaches liegenden Feldweg in Richtung Mörzheim auf die Berge

Winterlandschaft an der Haardt

Schweinebraten
mit Dunkelbiersauce (für 4 bis 6 Personen)

Von Matthias Rüde, Ottersheim

2 kg Schweinefleisch	in einem Topf mit
50 g Fett	kräftig anbraten.
2 große Zwiebeln	schälen, vierteln, dazugeben und andünsten.
1 Bund Suppengrün	sowie
1 Karotte	waschen, putzen, klein schneiden, dann alles hinzufügen.
2 Knoblauchzehen	schälen, klein schneiden und ebenfalls zugeben.
400 ml Dunkelbier	und
500 ml Wasser	aufgießen und mit
1 EL Majoran	sowie
1 EL gekörnte Brühe	würzen. Das Ganze 45 Minuten köcheln lassen. Dann das Fleisch herausnehmen, den Sud mit dem Gemüse pürieren und mit
Salz, Pfeffer, Muskat	abschmecken. Die Sauce nach Belieben abbinden oder reduzieren lassen.

90

Als Beilage passen Kartoffelspätzle (Rezept S. 125) oder Weckknödel (Rezept S. 122).

Birkweiler mit besten Weinlagen in der Südlichen Weinstraße

Pikanter Filet-Topf

Von Ursula Blaschke, Germersheim

1 kg Schweinefilet	in 1 bis 2 cm dicke Scheiben schneiden, mit
Salz, Pfeffer	würzen und in
5 EL Butterschmalz	scharf anbraten. Das Fleisch in eine gebutterte Auflaufform schichten.
400 ml Sahne	mit
3 EL Tomatenmark	sowie
je 1 gestr. TL Curry, Salz, Pfeffer	verquirlen. Zwei Drittel der Sahne über das Fleisch geben und ziehen lassen.
2 Bananen	schälen, in Scheiben schneiden und auf den Filets verteilen.
125 g geriebener Gouda	und die restliche Sahne über den Filets verteilen. Im vorgewärmten Backofen bei 200 °C (auf der zweiten Schiene von unten) etwa 25 Minuten backen.

Ein gemütlicher Platz zum Verweilen – die Burrweiler Mühle – zwischen Wald, Wiesen und Weinbergen

91

WEINGUT
BURRWEILER MÜH

Gepökelter Schweinekamm mit Wein-Zwiebel-Sauce

Von Frau Elisabeth Zangmeister, Landau

1 kg gepökelter Schweinekamm	in einen feuerfesten Topf geben.
4 große Zwiebeln	in Ringe schneiden und über das Fleisch geben. Mit
Pfeffer, Muskat, Majoran	und
Piment, Nelken, 1 Lorbeerblatt	würzen. Dann
500 ml trockener Rotwein	sowie
125 ml Fleischbrühe	dazugeben. Das ganze 2 Stunden bei 160 °C im Backofen schmoren. Das Fleisch herausnehmen und warm stellen. Die Sauce passieren, reduzieren lassen, dann mit
Salz, Pfeffer	abschmecken.

Dazu reicht man Pellkartoffeln.

92

2015 findet in Landau auf dem Konversionsgelände – zwischen Cornichonstraße und Ebenberg – die Landesgartenschau statt.

Probieren geht über Studieren

Von Peter Hemmler und der Berufsbildenden Schule Germersheim/Wörth

Eine Schule geht einen neuen Weg ... mit dem bbs bistro. Einmal in der Woche bereiten Schülerinnen und Schüler der Produktionsklasse Hauswirtschaft – einer Klasse des Berufsvorbereitungsjahres der Berufsbildenden Schule Germersheim/Wörth – ein Mittagessen zu. Sie kochen es für Schüler, Lehrkräfte und Gäste unter den betriebswirtschaftlichen Bedingungen einer Großküche. Individuell und gemäß ihren Fähigkeiten werden die Schüler betreut, begleitet von ihrer Klassenleiterin Sonja Burg und der Hauswirtschaftsmeistern Bettina Guttmann sowie von der Diplom-Sozialpädgogin Martina Scherthan.

Im September 2011 übernahm der Europäische Sozialfonds zusammen mit dem Land Rheinland-Pfalz die finanzielle Förderung des bbs bistros. In über 15 Fachpraxisstunden pro Woche widmen sich die Schüler schwerpunktmäßig der Speisenzubereitung. Dazu kommen weitere Aufgaben wie: Warenannahme, Kontrolle der Lieferung, Dekorieren der Tische, Herrichten von Geschirr und Speisesaal, Verkauf der Essensbons, Ausgabe des Mittagessens, Spülen und Aufräumen, Waschen, Bügeln und Instandhalten der Küchenwäsche und Berufskleidung. Die Schüler und Schülerinnen haben zudem etwa 14 Wochenstunden theoretischen Unterricht (Deutsch, Sozialkunde, berufsbezogener Unterricht, Fachrechnen, Textverarbeitung und Sport). Das lerntheoretische Konzept des bbs bistros ist in die Fächer integriert, zum Beispiel dadurch, dass die jungen Leute die Essensmarken selbst herstellen, den Kassenbestand kontrollieren, Rechnungen überprüfen, Überweisungen ausfüllen sowie ein Berichtsheft schreiben.

Bei der Auswahl der Speisen wird besonders auf Frische und Qualität geachtet. Obst und Gemüse stammen überwiegend aus regionalem Anbau. Auf vorgefertigte Produkte wird weitgehend verzichtet. Für die Lebensmittelauswahl sind außerdem entscheidend: **Der Gesundheitswert** – alle wichtigen Nährstoffe, vor allem Ballaststoffe, Vitamine und Mineralstoffe, sollen in einem ausgewogenen Verhältnis enthalten sein. **Der Genusswert** – die Speisen sollen nicht nur satt machen, sondern auch gut aussehen und gut schmecken. **Der Ökonomische Wert** – das Mittagessen wird zum Selbstkostenpreis von 3,20 Euro angeboten. Es wird preis- und qualitätsbewusst eingekauft.

Ziel des Projektes ist es, die Schüler und Schülerinnen intensiv auf die Berufs- und Arbeitswelt vorzubereiten und ihre Chance auf eine Ausbildungsstelle zu verbessern. Der ganzheitliche Ansatz und das Engagement von Schülern und Lehrkräften gleichermaßen trägt wesentlich zum Erfolg des bbs bistros bei.

Seit 2011 ist es mit Unterstützung der Kreisverwaltung nun schon gelungen, eine Förderung über den Europäischen Sozialfonds zu erhalten. Nun hofft das gesamte Schulteam auf eine dauerhafte Unterstützung, damit die »Produktionsklasse bbs bistro« auch in Zukunft fortgeführt werden kann.

Geschmorter Schweinerücken mit Auberginen und Aprikosen

Von Marianne Böhm, LandFrauen Weingarten

1 Stück Ingwer (35 g)	schälen, reiben und mit
4 EL Honig	verrühren.
2 kg Schweinerücken am Stück (mit Knochen)	mit
Salz, Pfeffer	würzen und im Bräter in heißem
Butterschmalz	rundum anbraten. Anschließend mit dem Ingwerhonig bestreichen.
10 Schalotten	schälen, vierteln und zum Fleisch in den Bräter geben.
4 Knoblauchzehen	schälen, halbieren und hinzufügen.
125 ml trockener Weißwein	angießen, den Bräter in den Backofen stellen und bei 160 °C 75 Minuten weiter garen.
125 g Butter	in einem Topf erhitzen, darin
3 EL Zucker	auflösen.
500 g entsteinte Aprikosen	hinzugeben und darin leicht karamellisieren lassen. Dann warm stellen.
1 Aubergine	in Scheiben schneiden, mit
Salz, Pfeffer	würzen und in
3 – 5 EL Öl	braun braten. Das Fleisch aus dem Backofen nehmen, vom Knochen lösen, in Tranchen schneiden und den Bratenfond mit etwas angerührter
Kartoffelstärke	binden.

94

Fleisch, Obst und Gemüse auf einer Platte anrichten.
Die Sauce separat dazu reichen.
Weinempfehlung: Probieren Sie dazu einen trockenen
Südpfälzer Grauen Burgunder.

Der Pfälzerwald – das größte zusammenhängende Waldgebiet in Deutschland – ist ein Wanderparadies.

Pfälzer Zwiebeltöpfchen

Von Friedel Hartmann, Steinweiler

800 g magerer Schweinekamm	und
500 g Zwiebeln	in Würfel schneiden, mit
Salz, Pfeffer, Paprika	sowie
Kerbel, Thymian	gut vermischen und abgedeckt 3 Tage im Kühlschrank stehen lassen. Anschließend
50 g Butterschmalz	im Bratentopf erhitzen, Fleisch und Zwiebeln hineingeben und scharf anbraten. Mit
250 ml Rotwein	ablöschen und 45 Minuten garen. Den Fond mit
Senf	abschmecken.
1 EL Mehl	in
125 g saure Sahne	anrühren und die Sauce damit binden. Nach Belieben mit
Wein	abschmecken und verfeinern.

95

Dazu Kartoffelpüree und Kopfsalat oder verschiedene Gemüse reichen.

Die Hütten im Pfälzerwald: Einkehr steht für jeden Wanderer auf dem Programm.

Die St. Anna Kapelle ist nicht nur Wallfahrtskirche, hier wird auch geheiratet.

Elwedritsche Buckel

Von Gudrun Damian, Impflingen

4 Schweinerückensteaks (à 220 g)	mit
Salz, Pfeffer, Muskat	und
Koriander (gemahlen)	würzen. In etwas
Mehl	wenden und in der Pfanne in
40 g Fett	anbraten. Das Fleisch herausnehmen und warm stellen. In der gleichen Pfanne
20 g Butter	erhitzen und
60 g Zwiebelwürfel	darin anschwitzen. Mit
100 ml Wein (z.B. Pfälzer Ruländer)	ablöschen, etwas einkochen lassen und mit
200 ml braune Grundsauce (Rezept S. 126)	auffüllen. Mit
Salz, Pfeffer, Zucker	und
Muskat, Koriander	abschmecken.
80 ml Sahne	mit
80 g Crème fraîche	unterrühren. In der Sauce
200 g Steinpilze (in Scheiben)	garen und
2 EL Butter	sowie
60 g Tomatenwürfel (ohne Haut)	dazugeben. Zum Anrichten die Sauce über das Fleisch geben.

96

Als Beilage munden Spätzle (Rezept S. 125) und ein Wein von der Sorte Ruländer.

Fachwerkhaus – Wahrzeichen von Maikammer

Schweinerückensteaks mit Portugieser-Pflaumen

Von Gudrun Damian, Impflingen

4 Schweinerückensteaks (à 200 g)	mit
Salz, Pfeffer	würzen und in einer Pfanne mit
20 g Fett	anbraten. Dann herausnehmen und warm stellen. In die gleiche Pfanne
40 g Butter	geben und darin
30 g Zucker	schmelzen lassen, bis er karamellisiert.
40 g Zwiebeln	klein würfeln und hinzufügen. Sofort mit
200 ml Portugieser Rotwein	ablöschen und etwas reduzieren. Dann
400 ml braune Grundsauce (Rezept S. 126)	auffüllen und köcheln lassen.
2 cl Pfälzer Weinbrand	hinzugießen, etwas einkochen lassen.
70 g Crème fraîche	zugeben und verrühren.
300 g frische Pflaumen (ohne Stein)	zur Sauce geben, unterheben, kurz aufkochen lassen. Zum Servieren die Sauce über das Fleisch nappieren.

97

> Dazu passen hausgemachte Butterspätzle und frische Gartensalate.

Das Geburtshaus von Anton und Franz Ulrich, Maikammer – Erfinder des Klappmeters mit kaiserlichem Patent von 1886

Medaillons mit Schokoladen-Zwiebel-Marmelade

Von Beate Gröbert, Birkenhördt

Nicht nur in der Gourmetküche, sondern auch in der Hausfrauenküche hat die Schokolade ihren Einzug gehalten. Der Kreativität sind keine Grenzen gesetzt. Ein wenig Mut und Fantasie gehören dazu – und eine Vorstellung vom Ergebnis. Wichtig dabei, eine qualitativ gute Schokolade zu verwenden mit mindestens 70 Prozent Kakaoanteil. Zu bedenken ist auch die richtige Kombination und Auswahl der dazu passenden Weine. Mehr dazu lesen Sie im Kapitel »Wein, Saft, Bier und Co.« ab Seite 178.

150 g Zwiebeln	schälen, in feine Würfel schneiden und mit
500 ml Rotwein	
100 g brauner Zucker	
1 Zweig Thymian	sowie
1 Lorbeerblatt	in einen Topf geben. Das Ganze köcheln lassen, bis die Flüssigkeit eine Konsistenz wie Marmelade hat. Darin nun
80 g Bitterschokolade (70 % Kakaoanteil)	auflösen und
2 cl Johannisbeerlikör	unterrühren. Mit
Salz, Pfeffer	abschmecken und warm stellen.
2 Schweinefilets	von Fett und Sehnenhaut befreien und in insgesamt 12 Medaillons (ca. 4 cm dick) schneiden. Die Medaillons mit
schwarzer Pfeffer	würzen und in der Pfanne mit
2 EL Rapsöl	anbraten. Dann herausnehmen, in Alufolie einschlagen und bei geringer Hitze im Backofen gar ziehen lassen. Von der Schokoladen-Zwiebel-Marmelade mit 2 Esslöffeln jeweils 3 Nocken abstechen, auf vorgewärmte Teller setzen, dazwischen jeweils 3 Medaillons setzen.

Tabakdenkmal in Hayna

Herzpfeffer

Von Ilse Wambsganß, Mörzheim

1 Schweinezunge	und
1 Schweineherz	vom Metzger küchenfertig vorbereiten lassen und in einem großen Topf mit ausreichend Wasser aufsetzen.
1 Stange Lauch	und
¼ Sellerieknolle	putzen, grob schneiden und dazugeben.
4 Lorbeerblätter	sowie etwas
Salz	hinzufügen, zum Kochen bringen und etwa 1 Stunde köcheln lassen.
500 g mageres Schweinenackenfleisch	in 3 cm große Stücke schneiden und im Bräter mit
4 EL Butterschmalz	anbraten. Dann aus dem Bräter nehmen und mit Folie abdecken.
1 Zwiebel	würfeln, im verbliebenen Bratfett dünsten und mit
1,5 l Fleischbrühe	sowie
250 ml Weißwein	ablöschen. Das Nackenfleisch wieder dazugeben, mit
Pfeffer, Salz, Muskat	sowie
Piment, Majoran	würzen und 30 bis 45 Minuten schmoren lassen. Zunge und Herz nach der Garzeit aus dem Sud nehmen, in 3 cm große Stücke schneiden und zum Nackenfleisch in den Bräter geben.
125 ml frisches Schweineblut (vom Metzger)	mit etwas
Mehl	anrühren und das Ragout damit binden.

99

> Der Pfälzer isst dazu gerne Dampfnudeln (Rezept S. 118). Servieren Sie einen fruchtigen Pfälzer Riesling dazu.

Begrüßung in Flemmlingen

Auf den Spuren erlesener Weine

Von Peter Hemmler

Als meine Frau und ich im Jahr 1994 unsere Selbstständigkeit mit dem Hotel und der Weinstube Trutzpfaff in Speyer planten, war für uns oberste Priorität, bei Speisen und Getränken nur Produkte aus der Pfalz zu verwenden. Eine Weinkarte mit einem Angebot, welches die gesamte 90 Kilometer lange Deutsche Weinstraße repräsentiert, war unser Ziel. Im Norden und mittleren Bereich der Weinstraße hatten wir unsere Partner gefunden. Auf der Suche nach einem Winzer an der Südlichen Weinstraße kamen wir im heißen Sommer 1994 nach Birkweiler. Im Schutz der schattenspendenden Pergola, im Innenhof vom Weingut Johannes Kleinmann wurden wir von Karl-Heinz und Elenore Kleinmann empfangen. Bei 30 Grad Celsius Außentemperatur im Schatten lernten wir die Weine kennen. Eine wahrhaft anstrengende Weinprobe, aber wir hatten »unsere Weine« für unsere Weinstube gefunden.

Wir ahnten nicht, dass dieser Kontakt uns bis heute begleiten wird. Das Weingut Ökonomierat Johannes Kleinmann, so heißt das Weingut heute, zählt zwischenzeitlich zu den Spitzenweingütern an der Südlichen Weinstraße. Wein- und Fachpresse reiht es sogar unter den besten Weingütern Deutschlands ein. Seit 1994 konnte ich mein Fachwissen über Wein erheblich ausbauen, hatte ich doch die besten Lehrmeister: Johannes Kleinmann und seinen Sohn Matthias. Dieses Wissen habe ich gerne an interessierte Gäste unserer Weinstube weitergegeben, so zum Beispiel die Bedeutung des Terroirs. Das Terroir (also die naturgegebenen Standortfaktoren) trägt wesentlich zur Qualität der Weine bei. In der Region selbst und in den Weinbergen von Birkweiler und Umgebung ist das der kleinräumige Wechsel der verschiedenen Gesteine. Ausschlaggebend für eine gute Weinbergslage sind die Form des Geländes, das dadurch bedingte Kleinklima und der Boden. Weiterhin ist ein ausreichender Nährstoff-, Wasser- und Lufthaushalt für die positive Entwicklung der Rebe außerordentlich wichtig. Wie schon von Urgroßvater und Großvater vorgelebt, heißt die Philosophie des Weinguts Ökonomierat Johannes Kleinmann: konsequentes Streben nach Qualität. Nicht nur höchste Mostgewichte stehen im Vordergrund, sondern ebenso der schonende Umgang mit der Natur. Zehn Rebsorten gehören zum Angebot. Riesling, Weiß- und Grauburgunder sowie St. Laurent bilden 80 Prozent der gesamten Rebflächen. Spätburgunder wird auf 10 Prozent der Fläche angebaut,

100

Im Weinkeller vom Weingut Ökonomierat Johannes Kleinmann in Birkweiler

den Rest nehmen andere Rebsorten ein. Die Rebfläche beträgt rund 11,5 Hektar. Hinzu kommt die Verarbeitung der Trauben durch zehn Nebenerwerbswinzer. Insgesamt werden 60 Prozent Weißweine und 40 Prozent Rotweine erzeugt. Bereits vor 100 Jahren begann Johannes Kleinmann mit der Vermarktung von Flaschenwein an der Südlichen Weinstraße. Vom Wissen des Gründers Johannes Kleinmann profitiert das Familienunternehmen heute noch. »Auch in Zukunft soll der Verbraucher gute Weinqualität zu bezahlbaren Preisen erwerben können«, so Matthias und Karl-Heinz Kleinmann. Wahrung der Tradition, Pflege von alten Reben, An- und Ausbau unter ökologischen Gesichtspunkten stehen seither an oberster Stelle.

Bereits im Weinberg beginnt eine konsequente Qualitätsselektion, die später im Keller fortgeführt wird. Der Ausbau im Keller erfolgt schonend, damit jede Sorte ihr Aroma entfalten kann. Im Keller wird selektiert, jede Sorte wird in einem eigenen Fass ausgebaut, wobei die Rotweine alle im Holzfass reifen. Das Ergebnis sind geringe Mengen, die aber eine besonders hohe Qualität haben.

Seit 2002 ist Matthias Kleinmann Inhaber des über 100 Jahre alten Weingutes. Eine umfassende Ausbildung als Önologe und Weinbautechniker, sowie die in Praktika gesammelten Erfahrungen in Frankreich, Italien und Südafrika, haben Matthias Kleinmann zum überzeugten Winzer mit Leib und Seele reifen lassen. Unterstützt wird er von seiner Frau Edith, die für den Verkauf und das Marketing verantwortlich zeichnet.

Die persönliche Note, mit der Familie Kleinmann ihren Kunden begegnet, hat uns über Jahre fasziniert und uns gefangen genommen. Am meisten Spaß macht es, wenn wir bei Kleinmanns die neuen Weine verkosten. Bedingt durch die lange Verbundenheit zum Weingut Kleinmann ist eine wunderbare Weinfreundschaft entstanden.

Birkweiler liegt eingebettet in einem Rebenmeer.

Winzer-Ragout

Von Gudrun Damian, Impflingen

800 g Schweinekeule	in 3 x 3 cm große Würfel schneiden.
1 Knoblauchzehe (gehackt)	und
1 Nelke	
2 Lorbeerblätter	
8 g Koriander	sowie
2 g Pfeffer, 1 gestr. TL Salz	in eine Schüssel geben und mit
200 ml Gewürztraminer (Wein)	übergießen. Das Fleisch in die Marinade einlegen und 2 Tage in den Kühlschrank stellen. Das Fleisch anschließend auf ein Sieb geben, gut abtropfen lassen und den Fond auffangen. Die Fleischwürfel mit
60 g feine Zwiebelwürfel	in
1 TL Fett	anbraten und mit
Salz	würzen.
15 g Tomatenmark	zugeben und
3 EL Mehl	überstäuben und mitrösten, damit das Fleisch Farbe bekommt. Den aufgefangenen Fond dazugeben und mit
500 ml Wasser	auffüllen.
100 g Karotten	würfeln, dazugeben und das Ganze 1 Stunde garen. Zum Schluss
60 g Perlzwiebeln (aus dem Glas)	hinzufügen und nach Belieben nochmals abschmecken.

102

Ortsbild von Billigheim

Kasseler »Burgunder Art«

Von Sonja Burg, Berufsbildende Schule Germersheim/Wörth

300 g Suppengemüse (Lauch, Sellerie, Karotten)	putzen, waschen, schälen und in Würfel schneiden.
2 Zwiebeln	schälen und in grobe Stücke schneiden.
1,5 kg Kasseler Kotelett (am Stück)	waschen, trockentupfen und mit
Pfeffer	würzen.
2 – 3 EL Öl	in einem Bräter erhitzen und das Fleisch von allen Seiten darin anbraten. Zwiebeln und Gemüse zugeben, mitbraten.
1 EL Tomatenmark	hinzufügen, kurz rösten und mit
375 ml Spätburgunder Rotwein	nach und nach ablöschen.
300 ml Brühe	und
½ TL Salz	zugeben, aufkochen lassen und zugedeckt im vorgeheizten Backofen bei 175 °C etwa 1 Stunde schmoren. Anschließend das Fleisch herausnehmen und warm stellen. Die Sauce mit dem Schmorgemüse pürieren.
½ TL Speisestärke	mit
5 – 6 EL Wasser	glattrühren, in die kochende Sauce einrühren und bei Bedarf abschmecken. Fleisch in Scheiben schneiden und mit der Sauce servieren.

103

Als Beilage eignen sich Weckknödel (Rezept S. 122) oder Speckknödel (Rezept S. 123).

Dorfstraße von Ingenheim

Kunschdhäwwelfläsch

Von Familie Zickler, Landgasthof Zickler, Gleisweiler

Kunschdhäwwelfläsch setzt sich zusammen aus den Begriffen Kunschd (= Kunst), Häwwel (= Topf aus Ton) und Fläsch (= Fleisch). Wörtlich übersetzt also Kunsttöpfchenfleisch. Der Topf war sehr kunstvoll gestaltet: mit vielen kleinen Kurven, Erhebungen und liebevollen Details und Malereien verziert. In diesem Topf wurde das Fleisch früher eingelegt, im Ofen gegart und darin auch wieder serviert.

1 kg Schweinekamm	mit
1 l Rieslingwein	sowie
3 Lorbeerblätter	
3 Nelken	und
3 Wacholderbeeren	in einen Topf geben. Dabei darauf achten, dass die Flüssigkeit das Fleisch vollständig bedeckt. Das Ganze abgedeckt 5 Tage bei 2 bis 5 °C in den Kühlschrank stellen.
	Anschließend den Topf auf den Herd stellen, bei voller Hitze zum Kochen bringen und bei mittlerer Hitze leicht weiter sieden lassen. Zwischenzeitlich den Schaum, der sich an der Oberfläche bildet, vorsichtig abschöpfen. Das Fleisch etwa 1 Stunde weich köcheln, aus dem Sud nehmen und abkühlen lassen.
1 Zwiebel	schälen, klein schneiden und in
40 g Butter	anschwitzen.
40 g Mehl	hinzufügen, gut verrühren und den Sud aufgießen.
200 ml Sahne	dazugeben und mit
Salz, Pfeffer	abschmecken. Die Sauce aufmixen und durch ein Sieb passieren. Das Fleisch in 2 bis 3 cm große Würfel schneiden und in der Sauce nochmals erwärmen. Vor dem Servieren frisch gehackte
Petersilie	zugeben.

104

> Statt im Tontopf kann das Fleisch auch in einem großen Topf oder Bräter mariniert werden. Als Beilage eignen sich Krummbeere oder Gebredelde (Kartoffeln oder Bratkartoffeln).

Rote und grüne Stachelbeeren

Rindfleisch in Godramsteiner Dornfelder

Von Fritz Lindemann, Club der Köche Südpfalz e.V., Landau

1,2 kg Rinderbug (Mittelstück)	in 6 x 6 cm große Würfel schneiden.
2 Zwiebeln	sowie
100 g Karotten	
100 g Sellerie	waschen bzw. putzen und in 2 x 2 cm große Würfel schneiden.
2 Knoblauchzehen	schälen. Alle Zutaten in einen großen Topf geben.
1 l Rotwein	dazugeben.
1 Lorbeerblatt	und
1 frischer Thymianzweig	sowie einige
Wacholderbeeren	
Pfefferkörner, Nelken	hinzufügen. Das Fleisch in dieser Marinade 5 Tage ziehen lassen. Anschließend das Fleisch aus dem Sud nehmen, abtropfen und in
100 g Pflanzenfett	rasch anbraten. Das Schmorgemüse abtropfen lassen und dazugeben.
50 g Tomatenmark oder 4 Tomaten (geschnitten)	zugeben, anrösten und mit dem Rotweinsud ablösen. Bedeckt etwa 1,5 Stunden bei kleiner Hitze schmoren. Ab und zu umrühren und die verdunstete Flüssigkeit mit Wasser auffüllen. Nach der Garzeit das Fleisch herausnehmen, die Sauce mit dem Gemüse durch ein feines Sieb streichen und mit
Salz, Pfeffer, Zucker	abschmecken. Abschließend mit
50 cl Dornfelder	verfeinern. Das Fleisch mit der Sauce anrichten.

105

Leicht in Butter und Zucker karamellisierte Perlzwiebeln eignen sich als Garnitur. Als Beilage passen Pfälzer Kartoffelrouladen (Rezept S. 61).

Sportwettbewerb im Stadion Landau

St. Martinus-Weinfest in St. Martin

Von Peter Hemmler

Das Martinus-Weinfest in St. Martin zählt zu den größten Weinfesten der Pfalz – als eines der ersten ins Leben gerufenen Weinfeste überhaupt. Gleichzeitig bedeutet es den Abschluss der Weinfest-Saison an der Deutschen Weinstraße. Entstanden ist das mehrtägige Fest aus dem Martinstag, der in St. Martin traditionell als örtlicher Feiertag begangen wird.

An zwei Wochenenden im November ist noch einmal weinfrohe Stimmung in den romantischen Gässchen, Gaststätten und Ausschankstellen St. Martins angesagt. Der Bürgermeister eröffnet das Fest traditionsgemäß am Freitagabend. Die amtierende Weinprinzessin sowie der Namensgeber des Festes, der Heilige Martin (Bischof von Tours) sind beim offiziellen Festweinanstich zugegen. Eine Blaskapelle bietet dazu den musikalischen Rahmen.

Am eigentlichen Martinstag, dem 11. November, startet nach altem Brauch von wechselnden örtlichen Weingütern ein feierlicher Prozessionszug, bei dem die aus Eichenholz geschnitzte Martinus-Statue sowie ein großer Früchtekorb auf den Schultern der Winzer zur Kirche getragen werden. Im Anschluss an den Erntedankgottesdienst wird die Martinus-Statue überbracht – immer in ein anderes Weingut. Sie verbleibt dort für das kommende Jahr und kann zu den Öffnungszeiten besichtigt werden.

Am frühen Abend beginnt dann nach kurzer Einstimmung in der Kirche der Laternenumzug für die Kinder. Er führt vom Ausgangspunkt Kirche durch den Ortskern und endet wieder an der Kirche. Angeführt wird der Umzug natürlich von St. Martin hoch zu Ross. Jedes der teilnehmenden Kinder erhält danach eine halbe Martins-Brezel. Damit soll die heute – wie vor über 1000 Jahren gleichermaßen – aktuelle Geste des Teilens versinnbildlicht werden. Vor der malerischen Kulisse der St. Martin-Kirche findet anschließend das »Martinusspiel« mit der Laienspielgruppe St. Martin und das »Martinusfeuer« statt. Den Abschluss bildet die Verlosung von Gutscheinen für leckere Gänse-Menüs in der St. Martiner Gastronomie.

Eine Besonderheit ist immer der ausgelegte Früchteteppich, bestehend aus vielen Arten von Samen, Körnern und Früchten, der bis Ende November in der Pfarrkirche St. Martin zu sehen ist.

Feierlicher Prozessionszug zum St. Martinus-Weinfest

Rehmedaillons mit Traubenchutney

Von Renate Kuntz, Hayna

400 g kernlose Trauben	waschen, halbieren.
1 kleine Zwiebel	hacken.
1 rote Chilischote	entkernen und hacken.
75 g Zucker	im Topf karamellisieren und mit
4 cl Weinessig	ablöschen. Zwiebel und Chili dazugeben und so lange kochen, bis sich das Karamell gelöst hat. Dann die Trauben zugeben und ohne Deckel 8 bis 10 Minuten köcheln.
50 g Walnusskerne	unter das Chutney mischen.
8 Rehmedaillons (à 60 g)	mit
Salz, Pfeffer	würzen. Dann in
2 EL Öl	von jeder Seite scharf anbraten.
40 g Tiroler oder Pfälzer Speck	in breite Streifen schneiden, dazugeben und 5 Minuten in der Pfanne mitbraten. Dabei beachten: Das Rehfleisch soll noch rosa sein.

107

Ein Chutney ist eine würzige, meist süßsaure oder auch würzig scharfe Sauce der indischen Küche. Es gibt zahlreiche Variationen, auch mit Gemüse- oder Fruchtstücken.

Ein Früchtekorb wird beim St. Martinus-Weinfest auf den Schultern der Winzer zur Kirche getragen.

Geschmorte Schulter vom heimischen Wildschwein

Vom WeinGut Fritz Walter, Niederhohrbach

1,5 – 2 kg Wildschweinschulter	mit
Salz	würzen und von allen Seiten im Bräter in
Olivenöl	kräftig anbraten. Dann
8 kleine Schalotten	schälen, vierteln und dazugeben.
4 Knoblauchzehen	schälen, halbieren, dazugeben, mitbraten.
2 EL Tomatenmark	zufügen, anschwitzen und mit
500 ml Rotwein	ablöschen. Nun etwas einkochen lassen und mit
1 l Gemüsefond	auffüllen. Noch etwas reduzieren und in den auf 160 °C vorgeheizten Backofen geben.
4 Karotten	sowie
1 Stange Staudensellerie	
1 Stange Lauch	waschen, grob würfeln und nach etwa 20 Minuten zum Fleisch geben. Nach weiteren 30 Minuten den Bräter aus dem Ofen nehmen und das Fleisch mit
1 – 2 EL Honig	sowie
2 EL Senf	bestreichen.
2 Scheiben Graubrot	im Mixer zerkleinern und die Brotmasse mit
Salz, Knoblauch, Pfeffer	
Rosmarin	sowie
5 – 7 EL Petersilie (gehackt)	würzen. Die Mischung auf das Fleisch streichen und für weitere 15 Minuten in den Ofen schieben. Es soll sich eine schöne goldbraune Kruste bilden.

108

Dazu passen als Beilage Kartoffelspätzle (Rezept S. 125) oder Weckknödel (Rezept S. 122). Probieren Sie dazu einen jungen Spätburgunder Rotwein.

Die Musikkapelle aus Diedesfeld spielt zur Eröffnung des Maifestes in Maikammer.

Zwiebelrostbraten vom Pfälzer Wildschweinrücken mit Grumbeercrêpes

Von Marc Kunkel, RNF Telekoch

800 g Wildschweinrücken (pariert)	mit
Wildgewürz	kräftig einreiben und auf einen Ofenrost legen. Ein Blech darunter geben und bei 80 °C (Ober/Unterhitze) im Backofen garen (etwa 50 bis 60 Minuten), bis eine Kerntemperatur von 55 °C erreicht ist. Das Fleisch nun in einer Pfanne mit etwas
Olivenöl	scharf anbraten. Das Fleisch herausnehmen und warm stellen, damit sich der Saft setzen kann.
4 kleine Zwiebeln	schälen, in Streifen schneiden, in der Pfanne goldgelb anbraten, herausnehmen und warm stellen. Dann
1 TL geschroteter Pfeffer	in die Pfanne einstreuen und den Bratenrückstand mit
20 ml Sherry-Essig	ablöschen.
200 ml Wildfond (Rezept S. 130)	aufgießen und etwas einkochen. Zum Schluss mit
Salz, Thymian	vollenden. Das Fleisch in Tranchen schneiden und auf Teller setzen, darüber die Zwiebeln drapieren, das Fleisch mit der Sauce umgießen und Grumbeercrêpes anlegen.

Grumbeercrêpes

125 g Mehl	mit
125 ml Milch	verrühren.
2 Eier	hinzufügen.
Je 1 kleines Bund Petersilie, Schnittlauch	fein schneiden, dazugeben, verrühren. Aus dem Teig 4 Kräutercrêpes backen.
250 g Kartoffeln	kochen und warm durch die Presse drücken.
50 g Frühlingszwiebeln	in kleine Würfel schneiden und zu den Kartoffeln geben.
50 g saure Sahne	und
30 g geriebener Parmesan	zur Kartoffelmasse geben, gut verrühren und mit
Salz, Pfeffer, Muskat	würzen. Die Masse auf den Kräutercrêpes verteilen und einrollen. Die Rollen bei 170 °C (Umluft) etwa 6 Minuten backen.

Servieren Sie dazu Schwarzwurzeln (Rezept S. 74).

Rehkeule mit Holunderessig und Spätburgunder

Vom Weinessiggut Doktorenhof, Venningen

1,5 kg Rehkeule (vom Jäger oder Metzger ausgelöst)	mit
Salz, Pfeffer	würzen und in
2 – 3 EL Olivenöl	in einer Pfanne von allen Seiten gut anbraten, dann herausnehmen und warm halten.
2 – 3 Zwiebeln	schälen, würfeln.
150 g Suppengrün	waschen, klein schneiden und mit den Zwiebeln im verbliebenen Bratenfett anrösten.
1 Knoblauchzehe	sowie
5 – 10 Pfefferkörner	zerdrücken und zusammen mit
2 – 3 Lorbeerblätter	
2 Nelken	sowie
5 Wacholderbeeren	dazugeben.
150 g Räucherspeckwürfel	hinzufügen. Das Ganze kurz weiterrösten, dann
2 EL Tomatenmark	dazugeben und mit
2 EL Mehl	bestäuben. Einige Minuten weiterbräunen und mit
500 ml Spätburgunder Rotwein	ablöschen. Die Sauce mit
Salz	würzen, mit
2 EL Sauerkirschgelee	verfeinern und über das Fleisch gießen. Zugedeckt bei 120 °C im Backofen etwa 3 Stunden schmoren. Nach dem Garen die Sauce durch ein Sieb passieren und mit
4 EL Holunderessig	sowie
1 EL Crème fraîche	abschmecken. Noch etwas reduzieren lassen.

110

> Dazu passen hervorragend
> Semmelknödel (Rezept S. 122).

Kirchturm in Gleisweiler

Lammkotelett mit Kräutern, Paprika und Tomaten

Von Marianne Böhm, LandFrauen Weingarten

8 Lammkoteletts	an den Rändern einschneiden.
Je 2 – 3 geh. EL Kerbel, Estragon, Petersilie (jeweils fein gehackt)	mit
2 – 3 EL Schnittlauchröllchen	
Salz, Pfeffer	sowie
4 EL Butter	zu einer Kräutermischung verarbeiten. Die Koteletts von beiden Seiten mit etwa drei Viertel der Mischung bestreichen. Ein Blech oder ein Grillrost mit Alufolie belegen, das Fleisch daraufsetzen und die Ränder der Folie hochklappen, damit der Fleischsaft aufgefangen wird. Das Fleisch im vorgeheizten Grill etwa 15 Minuten grillen, dann wenden und die andere Seite etwa 12 Minuten grillen. Danach das Fleisch warm stellen.
3 Fleischtomaten	sowie
1 rote, geschälte Paprikaschote	würfeln, mit der restlichen Kräutermischung und
50 ml Rotwein	in einen Topf geben.
50 ml Fleischbrühe	auffüllen, mit
Salz, Pfeffer	würzen und etwa 5 Minuten köcheln. Die Gemüsesauce mit
Zucker	abschmecken und über das fertige Fleisch gießen.

111

> Hierzu reichen Sie frische, grüne Bohnen und kleine Pellkartoffeln.
> Dazu passt ein Spätburgunder Rotwein.

Denkmal von Prinzregent Luitpold in Gleisweiler – errichtet zum 90. Geburtstag, im Jahr 1911

Franz Theodor Max Slevogt

Von Peter Hemmler

Der Slevogthof Neukastel von der Gemeinde Leinsweiler aus gesehen

Geboren wurde Slevogt 1868 in Landshut, Bayern. Max Slevogt war ein bedeutender deutscher Maler des Impressionismus. Er nimmt eine gesonderte Stellung in der Landschaftsmalerei ein und gehörte mit weiteren Malerpersönlichkeiten wie Max Liebermann sowie Lovis Corinth zu den Vertretern der Freilichtmalerei, die ihre Werke, also das Motiv, in freier Natur realisierten.

Seine Bilder sind unter anderem in der Kunsthalle in Hamburg sowie in der Nationalgalerie in Berlin ausgestellt. Es ist zudem möglich, die Max Slevogt Privat-Gemälderäume auf dem Slevogthof Neukastel in Leinsweiler (Südliche Weinstraße) zu besichtigen. Hier schuf Max Slevogt Wand- und Deckengemälde (1924 und 1929), die neben den Fresken im Bremer Ratskeller die einzigen, heute noch erhaltenen Wandbilder Slevogts darstellen. Von der Terrasse des Slevogthofes aus hatte der Maler einen weiten Blick in die Rheinebene nach Osten und Süden, den er in einer Reihe von Gemälden und Aquarellen zu verschiedenen Jahreszeiten dokumentierte. Slevogts Werk ist umfangreich und umfasst nicht nur Tafelbilder, Bühnenbilder und Wandmalerei, sondern auch Aquarelle, Zeichnungen, Druckgrafiken und Buchillustrationen. 1896 zeichnete er Karikaturen für die Münchner Zeitschriften Simplicissimus und Jugend.

Seine Studienreisen führten ihn 1889 nach Amsterdam zur Rembrandt Ausstellung, 1900 nach Paris zur Weltausstellung und nach Berlin. Nach seiner Ägyptenreise, die er 1914 unternahm, erwarb er von seinen Schwiegereltern in Godramstein (Südpfalz) den Landsitz Neukastel. Nach einigen Erweiterungen wird das Anwesen heute Slevogthof-Neukastel genannt.

Bis 2011 war der Slevogthof im Familienbesitz. Die Nachkommen der Familie Slevogt haben den Slevogthof 2012 verkauft. Trotzdem können auch in Zukunft die Fresken und Wandmalereien besichtigt werden. Auf dem von Ludwig I. von Bayern erbauten Schloss Villa Ludwigshöhe bei Edenkoben betreut das Landesmuseum Mainz die Max-Slevogt-Galerie. Slevogt starb 1932 und wurde in der Grabstätte der Familie Finkler auf Neukastel in Leinsweiler-Neukastel/Pfalz beigesetzt. Der Landauer Unternehmer Thorsten Holch hat den Slevogthof 2012 erworben. Sein Ziel ist es, den Hof als »Dokumentationsstätte« zu erhalten, in der auch die Bibliothek und das Musikzimmer mit seinen Malereien für die Öffentlichkeit zugänglich bleiben.

Lammcurry

Von Familie Zickler, Landgasthof Zickler, Gleisweiler

1 Zwiebel, 1 Karotte	sowie
1 Mango, 1 Banane	und
¼ Ananas	schälen.
1 Apfel	waschen, schälen und das Kerngehäuse entfernen. Alle Zutaten in 2 bis 3 cm große Würfel schneiden und in einem Topf mit
2 – 3 EL Öl	anschwitzen. Dann
5 – 15 g Currypulver	sowie
2 EL Mangochutney	zugeben und verrühren. Mit
100 ml trockener Weißwein	ablöschen und
500 ml Lammfond oder Rinderfond	aufgießen, aufkochen lassen.
800 g Lammfleisch (aus der Schulter)	separat in
3 – 4 EL Öl	scharf anbraten und dann in der fruchtigen Sauce schmoren. Das Fleisch aus der Sauce nehmen und warm stellen. Die Sauce aufmixen, durch ein Sieb passieren und das Fleisch wieder zufügen. Mit
500 ml Kokosmilch	verfeinern und mit
Salz, Pfeffer	würzen.

113

> Für ein mildes Lammcurry verwenden Sie etwa 5 g Currypulver.
> Besonders herzhaft wird das Gericht mit etwa 15 g Currypulver.
> Zu diesem Gericht empfiehlt Familie Zickler die berühmten Pfälzer
> Dampfnudeln (Rezept S. 118).

Altes Handwerk: Korbmacher beim Flechten mit Weide

Gefüllte Perlhuhnbrust in Rieslingsahne

Von Stefan Srowik, Gasthaus Zum Schwanen, Landau-Dammheim

4 Stück Perlhuhnbrüste mit Flügeln (à 180 – 200 g)	jeweils eine Tasche für die Füllung einschneiden.
4 Gambaschwänze ohne Schale	sowie
4 Scheiben Serranoschinken	und
4 Blatt Salbei	in die Perlhuhnbrüste füllen. Danach
1 Schweinenetz (vom Metzger)	in 4 Stücke schneiden und die Perlhuhnbrüste darin einwickeln. Nun in einer Pfanne mit etwas
Olivenöl	von allen Seiten anbraten. Bei 100 °C im Backofen (Umluft) etwa 12 bis 15 Minuten weitergaren, dann warm stellen. Für die Sauce den Bratenfond in der Pfanne mit
100 ml Riesling	ablöschen, aufkochen und einreduzieren.
100 ml Geflügelfond	sowie
100 ml Sahne	zugeben und reduzieren. Mit
Salz, Pfeffer, Muskat	würzen und mit frisch gehackten Kräutern, wie
Petersilie, Dill, Schnittlauch	verfeinern. Die Sauce als Spiegel auf die Teller geben und das Fleisch daraufsetzen.

114

Als Beilage passen Nudeln oder Schupfnudeln.

Burg Trifels hoch über Annweiler

Marinierte Entenbrust an Ingwersauce

Von Beate Gröbert, Birkenhördt

4 große Entenbrüste	mehrmals mit einem scharfen Messer schräg einschneiden.
1 Zwiebel	schälen, in Ringe schneiden und in eine Auflaufform geben.
1 Selleriestange	klein schneiden und zu den Zwiebelringen geben. Die Entenbrüste darauflegen. Für die Ingwersauce
50 g frische Ingwerwurzel	schälen, fein hacken und mit
4 EL flüssiger Honig	
3 EL Zitronensaft	
1 EL Sojasauce	sowie
2 TL Gewürzmischung (Curry, Koriander, Ingwer, Paprika)	verrühren. Die Sauce über die Entenbrüste verteilen und im Kühlschrank etwa 6 Stunden oder über Nacht ziehen lassen (zwischenzeitlich wenden). Anschließend das Fleisch aus der Sauce nehmen, abtropfen lassen und trockentupfen. Die Marinade durch ein Sieb in einen Topf geben.
1 EL Öl	in einer Pfanne erhitzen, die Entenbrüste mit der Hautseite nach unten zuerst anbraten – etwa 5 Minuten bis eine goldbraune Farbe erreicht ist. Anschließend in eine Auflaufform geben und im vorgeheizten Backofen bei 180 °C etwa 30 Minuten schmoren, bis das Fleisch zart ist. Den Bratenfond aus der Auflaufform zur Marinade geben und kurz aufkochen. Etwas abkühlen lassen.
15 – 30 g Bitterschokolade (70 % Kakaoanteil)	in Stücke brechen und dazugeben. Bei mittlerer Hitze auflösen, bis eine glatte Sauce entsteht. Mit
Salz, Pfeffer	würzen und zusammen mit der Entenbrust servieren.

115

Als Beilage servieren Sie Kartoffelrösti oder Reis.
Ein kräftiger, trockener Rotwein mundet dazu.

Ingwer ist ideal als Würzmittel für Suppen und Gemüse.

Perlhuhnbrust »Saltimbocca« auf Bohnen-
Pfifferlings-Ragout mit Kartoffel-Dinkel-Gnocchi

Von Frau Petra Roth-Püngeler, Restaurant Schneider, Dernbach

Perlhuhnbrust
»Saltimbocca«

Den Backofen auf 140 °C vorheizen und eine feuerfeste Schüssel mit Wasser hineinstellen, damit sich Dampf entwickeln kann und das Gargut saftig bleibt. Die Haut von

4 Perlhuhnbrüste	auf der einen Seite zu drei Viertel vom Fleisch lösen. Auf das schiere Brustfleisch jeweils 2 Stück
Salbeiblätter	und jeweils 1 Scheibe
Serrano-Schinken	legen. Die Haut wieder darüberziehen. Die Brüste mit
Salz, Pfeffer	würzen und auf der Hautseite in
2 EL Sojaöl	bei mittlerer Hitze anbraten, danach im Backofen etwa 10 bis 12 Minuten bei 180 °C fertig garen.

116

Bohnen-Pfifferlings-Ragout

200 g Stangenbohnen	waschen, die Enden auf beiden Seiten entfernen. Eine Schüssel mit Eiswasser zum Abschrecken bereithalten. In einem großen Topf Salzwasser zum Kochen bringen, die Bohnen darin blanchieren und sofort im Eiswasser abschrecken. So bleibt die Farbe kräftig grün und die wichtigen Vitamine werden erhalten. Die Bohnen abtropfen lassen und in gleichmäßige Rauten schneiden.
1 Schalotte	würfeln und in
2 EL Butter	in einer großen Pfanne glasig anschwitzen. Die blanchierten Bohnen und
150 g frische Pfifferlinge	dazugeben und anbraten. Mit
Salz, Pfeffer, Zucker	würzen, dann
80 ml süße Sahne	unterschwenken, zum Schluss das Ragout mit
1 TL Holunderblüten-Essig	abschmecken.

Getreideanbau in der Südpfalz

Kartoffel-Dinkel-Gnocchi

300 g Kartoffeln	in Salzwasser weich kochen, abtropfen lassen und noch heiß durch die Kartoffelpresse drücken.
2 Eier	und
1 EL Olivenöl	
Salz, Pfeffer, Muskat (frisch gerieben)	dazugeben und vermengen. Vorsichtig
120 g Dinkelmehl	einarbeiten, bis eine teigige Masse entsteht. Zuletzt
1 EL getrocknete Tomaten	fein schneiden und vorsichtig unterkneten. Aus dem Kartoffelteig längliche Rollen formen, davon 3 bis 4 cm lange Stücke abschneiden. Mit bemehlten Händen jeweils oval ausformen und mit einer Gabel Rillen eindrücken. Die Gnocchi in Salzwasser garen, abtropfen lassen und vor dem Servieren in einer Pfanne mit
1 EL Olivenöl	schwenken.

Das Ragout mittig auf vorgewärmte Teller geben. Saltimbocca in Tranchen schneiden und darauflegen. Je Teller 3 bis 6 Gnocchi am Rand verteilen.

Blick von der Kleinen Kalmit

Ein Meer von blühendem Löwenzahn in den Weinbergen

Edenkobener Dampfnudeln

Andrea Römmich, Edenkoben, 74. Pfälzische Weinkönigin 2012/2013

Dampfnudeln sind eines unserer Nationalgerichte und eines meiner Lieblingsspeisen. Allerdings hat jeder seine eigene Art die »Dambnudle« zuzubereiten und jeder kombiniert sie etwas anders. Ob mit Kartoffelsuppe, Gulasch, Vanille- oder Weinschaumsauce, Dampfnudeln sind immer ein Genuss. Die Edenkobener Dampfnudeln sind für mich aber die besten. Das Geheimnis liegt in der Zubereitung des Teiges. Sprudel macht die Dampfnudeln sehr locker und luftig, oder wie wir in der Pfalz sagen: »lugg«.
Servieren Sie dazu Weinschaumsauce (Rezept S. 132). Geben Sie ein Stück
Zimtstange in die heiße Weinsauce, um den Geschmack zu verfeinern. Nehmen Sie für die Weinsauce bestenfalls einen leckeren Müller-Thurgau, der eignet sich auch hervorragend als Begleiter zu den Dampfnudeln.Viel Spaß beim Zubereiten und einen guten Appetit wünscht Ihnen Ihre Pfälzer Weinkönigin.

2 Würfel Hefe (à 42 g)	mit
100 g Zucker	in einer großen Schüssel verrühren, bis eine flüssige Masse entsteht.
1 kg Mehl	sowie
2 Eier, ½ TL Salz	und
100 g Margarine	zum Hefe-Zucker-Gemisch in die Schüssel geben und mit dem Knethaken verrühren. Während des Rührens
375 ml Sprudel	beimischen und alles gut miteinander verarbeiten. Den fertigen Teig anschließend etwa 30 Minuten an einem warmen Ort gehen lassen. Danach den Teig aus der Schüssel nehmen und 100 g große Portionen abstechen. Nun werden die Teigportionen »geknödelt« – eine Kunst für sich, die gelernt sein will. Es sollen Dampfnudeln mit einer halbrunden Form entstehen, die mit ihrer abgeflachten Seite auf ein mit
Mehl	bestäubtes Blech gesetzt werden. Richtig schön werden die Dampfnudeln, wenn Sie es schaffen, beim »Knödeln« eine glatte Oberfläche ohne Luftblasen hinzubekommen. Nachdem alle Dampfnudeln auf dem Blech sitzen, dieses wieder mit einem Geschirrhandtuch abdecken und nochmals gehen lassen. Jetzt können die Dampfnudeln in der Pfanne gebacken werden. Hierzu geben Sie
150 ml Wasser	sowie etwas
Margarine, Schmalz	und
1 Prise Salz	in die Pfanne. Haben sich alle Zutaten im Wasser gelöst, können Sie jeweils 7 Dampfnudeln vorsichtig in die Pfanne setzen. Schließen Sie den Deckel und öffnen Sie ihn erst wieder, wenn das Wasser verdampft ist. In der Zwischenzeit rütteln Sie ab und zu die Pfanne, so dass die Dampfnudeln nicht anbrennen.

> Alle Zutaten sollten zimmerwarm sein. Besonders lecker sind die Dampfnudeln »doppeltgebacken«. Backen Sie die Dampfnudeln zur Abwechslung doch einfach mal von beiden Seiten an.

Das Dampfnudeltor in Freckenfeld

Nach dem Dreißigjährigen Krieg entwickelte sich die Dorfgemeinschaft von Freckernfeld sehr langsam. Der Chronist schreibt, dass nur noch zehn Prozent der früheren Bevölkerung vorhanden war. Die Kriegs- und Hungersnot war so groß, dass man 1642 die Glocken verkaufte, um die Forderungen des durchziehenden Militärs erfüllen zu können. Die Leute mussten sich vor den Gräueltaten des Militärs in den Wäldern verstecken und lebten von Wurzeln, ja es wurde sogar Menschenfleisch gegessen.

Eines Tages meldeten die angestellten Ortsspäher, dass sich ein schwedischer Reiterschwadron dem Ort nähere. Da die Schweden ebenfalls Lutheraner waren, brauchte man nichts zu befürchten und man blieb zuhause. Aber das stellte sich als Irrtum heraus.

Die Schweden stellten eine hohe Geldforderung an die Bürger. Bei Nichterfüllung drohte Plünderung und Mord. Man schickte also eine Abordnung an den schwedischen Hauptmann, um ihn doch des Glaubens wegen umzustimmen. Er lies sich bewegen und stellte die Forderung, dass er und seine Soldaten zufriedenstellend verköstigt werden sollten, dann würde er die Bevölkerung verschonen.

Daraufhin ergriff der Bäckermeister Johannes Muck die Initiative: Er ließ seine Frau mit der Magd einen großen Kessel Sauce kochen und gab den Befehl, diese Sauce kräftig mit Wein abzuschmecken, um die Soldaten gut zu stimmen. Er selbst buk mit seinen Gesellen »Dampfnudeln«, bis jeder Soldat satt war. Es waren 1286 Stück. Die Soldaten waren zufrieden und zogen wohlgelaunt weiter. Lange nach dem Dreißigjährigen Krieg hat man zum Dank an diese Tat einen großen und einen kleinen Torbogen mit 1286 Dampfnudeln in Stein erbaut. Dies ist heute unser »Dampfnudeltor«, das Wahrzeichen von Freckenfeld, und seit 1938 das amtliche Wappen von Freckenfeld. Erst 1690 bis 1730 wuchs die Dorfgemeinschaft durch Zuwanderungen aus der Schweiz und aus den größeren umliegenden Orten wieder an.

(Entnommen aus der Ortschronik von Freckenfeld, mit freundlicher Genehmigung durch Gerlinde Jetter-Wüst, Ortsbürgermeisterin Freckenfeld)

Das Dampfnudeltor in Freckenfeld

Grießklößchen

Von Dagmar Schröer-Hemmler, Landau

300 g flüssige Butter	unter
70 g feiner Grieß	ziehen und mit
Salz, Pfeffer, Muskat	abschmecken. Etwa 30 Minuten quellen lassen.
1 l Fleisch- oder Gemüsebrühe	zum Kochen bringen. Einen Teelöffel in die heiße Brühe halten und kleine Klöße aus der Grießmasse formen und in der Brühe etwa 15 bis 20 Minuten gar ziehen lassen.

> Grießklößchen sind eine ideale Einlage für alle klaren Suppen. Die Klößchen lassen sich gut zur Vorratshaltung einfrieren.

Wald- und Weinberge sind zu allen Jahreszeiten schön anzuschauen.

Auch Schafzucht hat an der Südlichen Weinstraße Tradition.

Überbackene Spaghetti

Von Barbara Schwartz, Freimersheim

500 g Spaghetti	in Salzwasser al dente (bissfest) kochen, abgießen und abkühlen lassen. Dann mit
1 – 2 EL Olivenöl	vermischen und in eine Auflaufform füllen.
400 g TK-Blattspinat	auftauen und über die Spaghetti geben.
1 Zwiebel	würfeln.
1 – 2 Knoblauchzehen	zerdrücken. Beides mit
150 g geriebener Emmentaler	und
300 g saure Sahne	verrühren.
100 ml süße Sahne	steif schlagen und unterheben. Mit
weißer Pfeffer	abschmecken und über den Blattspinat gießen.
200 g Tomaten	in Scheiben schneiden und auf dem Spinat verteilen.
1 – 2 Mozzarella (à 125 g)	in Stücke schneiden und über den Tomaten verteilen. Im Backofen bei 200 °C etwa 20 bis 25 Minuten überbacken.

121

Ein Bett im Kornfeld ...

**Die Kinder der Grundschule Insheim
warten auf ihren Auftritt beim Fest.**

Weckknödel (Semmelknödel)

Vom LandFrauenverein Freimersheim

10 Stück Weck (Brötchen)	in Scheiben oder in Würfel schneiden.
250 ml lauwarme Milch	darübergießen und etwa 30 Minuten ziehen lassen.
1 kleine Zwiebel	fein schneiden und in etwas
Fett	andünsten. Weck und Milch mit
5 EL gehackte Petersilie	und
4 Eier	sowie etwas
Salz	zu einem Teig verarbeiten. Bei Bedarf noch
Weckmehl	untermischen. Die Masse zu Knödeln formen, in kochendes, gesalzenes Wasser geben und 20 Minuten garziehen lassen.

> Harmoniert besonders gut zu Pilzgerichten.

122

Kartoffelknödel

Von Klärle Bohlender, Steinweiler

1,5 kg Kartoffeln	kochen, schälen und durch eine Presse drücken.
250 g Mehl	sowie
3 Eier	
2 – 4 EL Weckmehl	dazugeben und mit
Salz, Pfeffer, Muskat	würzen.
3 EL gehackte Petersilie	untermischen. Aus dem Teig mit nassen Händen Knödel formen und in kochendes Salzwasser geben. Etwa 20 Minuten ziehen lassen.

> Diese Beilage passt besonders gut
> zu allen Fleischgerichten mit Sauce.

Hier reift köstlicher Wein.

Speckknödel

Vom LandFrauenverein Freimersheim

10 Laugenbrötchen	in Würfel schneiden.
3 dünne Speckscheiben	fein würfeln. Beides mit
750 ml Milch	
4 Eier	sowie etwas
Salz	in einer Schüssel mischen, leicht umrühren und quellen lassen. Den Teig zu einer Rolle formen und mit
125 ml Wasser	in einen Bratschlauch geben, nach Vorschrift verschließen. Das Ganze in den kalten Backofen geben und bei 175 °C (Umluft) oder 200 °C (Ober- und Unterhitze) etwa 15 Minuten garen. Den Backofen ausschalten und den Kloß weitere 15 Minuten in der Nachwärme fertig garen.

> Speckknödel sind auch als Hauptgericht geeignet, dazu ein Dip und frischen Gartensalat reichen.

Himmel in Flammen

123

Bärlauch-Ravioli

Von Familie Zickler, Landgasthof Zickler, Gleisweiler

220 g Mehl (Type 405)	durchsieben und mit
60 g Hartweizengrieß	sowie
¼ TL Salz	in eine Rührschüssel geben. Nach und nach
3 Eier	hinzufügen und die Masse mit dem Knethacken auf mittlerer Stufe 5 Minuten gut durchkneten. Den Teig mit einem feuchten Tuch abdecken und 1 Stunde ruhen lassen.
250 g Ricotta	für die Bärlauchfüllung in einem Tuch leicht ausdrücken.
100 g Bärlauch	waschen, trockentupfen und fein hacken. Den Bärlauch mit dem Ricotta und
2 Eigelb	
50 g geriebener Parmesan	sowie
2 TL Semmelbrösel	gut vermischen. Die Füllung je nach Geschmack mit
Salz, Pfeffer	abschmecken.

Nun den Teig mehrmals durch eine Nudelmaschine walzen. Mit dem größten Walzenabstand anfangen und bei jedem Durchgang den Walzenabstand feiner einstellen. Wenn der Teig bricht, einfach in der Mitte zusammenfalten und nochmals durch die Maschine walzen. Den ausgewalzten Teig nun auf eine mit

Grieß oder Mehl	bestäubte Arbeitsfläche legen. Den Teig teilen und nochmals walzen, so dass zwei Teigplatten nebeneinander liegen. Mit einem Teelöffel Nocken der Füllung abstechen. Die Nocken im Abstand von etwa 4 cm auf eine Nudelteigplatte setzen. Die andere Teigplatte mit
1 Ei (verquirlt)	bestreichen und auf den gefüllten Teig als Deckel auflegen, so dass die Füllung komplett umschlossen ist. Den Teig um die Füllung herum andrücken. Die Luft zwischen den beiden Teigplatten vorsichtig herausdrücken und mit einem beliebigen Ausstecher ausstechen. Zwischen Ausstecher und Füllung sollte mindestens 1 cm Nudelrand bleiben. Die ausgestochenen Ravioli in gesalzenem Wasser etwa 8 Minuten leicht sieden lassen.

> Ein gartenfrischer Salat eignet sich als Beilage.
> Dazu mundet ein spritziger Pfälzer Silvaner.

Brauchtum in der Pfalz:
geschmückte Dorfbrunnen zur Osterzeit in Gleisweiler

Kartoffelspätzle

Vom LandFrauenverein Steinweiler

200 g Kartoffeln	am Vortag kochen. Dann pellen und durch die Kartoffelpresse drücken oder fein reiben.
200 g Mehl	sowie
3 Eier	hinzufügen und mit
1 Prise getrockneter Majoran	
Salz, Muskat	würzen. Bei Bedarf etwas Wasser zufügen. Aus der Masse einen Teig herstellen. In einem großen Topf leicht gesalzenes Wasser zum Kochen bringen. Den Teig portionsweise mit Hilfe einer Spätzlepresse oder eines Spätzlehobels ins Wasser pressen bzw. hobeln. Wenn die Spätzle oben schwimmen, mit einem Schaumlöffel herausheben, abtropfen lassen und bis zum Servieren warm stellen.

Spätzle unter kaltem Wasser abschrecken, abtropfen lassen und in einer Pfanne in heißer Butter schwenken. Kartoffelspätzle sind eine ideale Beilage zu allen Bratengerichten.

125

Blumenfenster in der Ortsmitte von Gleisweiler

Kunstvolles Tor mit Türklopfer, gesehen in Gleisweiler

Braune Grundsauce (Grandjus)

Von Peter Hemmler, Landau

Die Braune Grundsauce wird in der klassischen (französischen) Küche auch »Grandjus« genannt. Auf Basis dieser Grundsauce werden verschiedene andere Saucen hergestellt. Die Zubereitung ist mit etwas Zeitaufwand verbunden, aber es lohnt sich!

2,5 kg Kalbsknochen oder Rinderknochen	in einem großen Bräter mit
50 ml Olivenöl	anrösten – aber nicht zu dunkel, damit nicht so viele Bitterstoffe entstehen.
3 Knoblauchzehen	schälen, klein schneiden.
3 Zwiebeln	sowie
150 g Karotten	
200 g Sellerie	schälen, in 2 cm große Würfel schneiden, mit dem Knoblauch zu den Knochen hinzufügen und mitrösten. Dann
100 g Tomatenmark	dazugeben, anrösten und mit der Hälfte von
500 ml Rotwein	ablöschen. Den Bodensatz damit lösen, diesen Vorgang mit dem restlichen Wein nochmals wiederholen und reduzieren lassen.
4 l kaltes Wasser	auffüllen, so dass Knochen und Gemüse mit Flüssigkeit bedeckt sind.
12 schwarze Pfefferkörner	zerstoßen und dazugeben.
2 Lorbeerblätter	und
2 Wacholderbeeren	sowie
je 1 Rosmarin-, Thymianzweig	hinzufügen, zum Kochen bringen und 3 Stunden leicht köcheln lassen. Zwischenzeitlich die reduzierte Flüssigkeit immer wieder mit Wasser auffüllen. Zum Schluss mit etwas
Salz	abschmecken, die Grundsauce durch ein Sieb oder Tuch passieren.

> Die Grundsauce in beliebig große Behälter umfüllen und bei -18 °C einfrieren und lagern. Somit haben Sie immer eine Grundsauce vorrätig.

Frauen auf dem Marktweg, um 1880

Napoleonbank

Von Rudi Schmidt, Vorsitzender des Bürger- und Fördervereins Wollmesheim

Ruhebänke gab es schon lange vor Napoleon. Auf solchen Bänken konnten die Frauen ihre auf dem Kopf transportierten Waren ohne fremde Hilfe abstellen. Dass Napoleon die später nach ihm benannten Ruhebänke selbst erfunden hat oder ihre Aufstellung angeordnet habe, muss in den Bereich der Sage verwiesen werden.

Die Südpfalz – und damit auch Wollmesheim – gehörte zur Zeit Napoleons zum französischen Department Niederrhein (Bas-Rhin). Der damalige Straßburger Präfekt machte anlässlich der Geburt und Taufe des Thronfolgers Napoleons den Vorschlag, dass in seiner Präfektur im Abstand von jeweils einer halben Stunde Wegstrecke beschattete Ruhebänke und Röhrenbrunnen angelegt werden sollten.

So wurde auch in Wollmesheim 1811 oberhalb der nach Landau führenden »Lehmhohl« eine Ruhebank aufgestellt. In späteren Zeiten hat man diese Ruhebänke nicht mehr benötigt und so verfielen sie allmählich. In Wollmesheim zum Beispiel ragte nach Geländeauffüllungen nur noch ein kleines Stück der seitlichen Wangen der Bank hervor ... bis man sich an sie erinnerte und sie 1957 an dem heutigen neuen Standort, in der Nähe der protestantischen Kirche Wollmesheim, aufstellte.

(Quelle: Chronik von Wollmesheim 2007)

127

Napoleonbank bei Wollmesheim

Sauce hollandaise

Vom Peter Hemmler, Landau

Zugegeben, es gibt heute ein großes Angebot an fertigen Saucen zu kaufen. Aber Geschmack und Qualität einer hausgemachten Sauce sind unschlagbar. Diese Sauce wird mit Butter zubereitet, während die fertigen Saucen überwiegend mit Pflanzenfett hergestellt werden.

Zunächst eine Reduktion aus folgenden Zutaten herstellen:

½ kleine Zwiebel oder Schalotte	schälen und fein würfeln.
5 schwarze Pfefferkörner	im Mörser zerstoßen. Die Zutaten mit
4 EL Weinessig oder Weißwein	
4 EL Wasser	und
3 frische Estragonblätter oder 1 Msp. getrockneter Estragon	in einem kleinen Topf zum Kochen bringen und reduzieren lassen, bis etwa 3 Esslöffel Flüssigkeit übrig bleiben. Dann durch ein Sieb geben und erkalten lassen.
3 Eigelb	mit der kalten Flüssigkeit in einer Chromaganschüssel (oder in jeder anderen, erwärmbaren Schüssel) verquirlen und im heißen Wasserbad so lange mit einem Schneebesen schlagen, bis eine dickflüssige Masse entsteht.
200 g Butter	in einem separaten Topf schmelzen (nicht kochen) und durch ein Tuch geben.
	Die Schüssel mit der Eimasse vom Wasserbad nehmen, zunächst nur wenig von der flüssigen Butter unter ständigem Rühren dazugeben, dann langsam fließend die gesamte Butter unter die Masse rühren. Abschließend mit
1 Prise Cayennepfeffer	
½ TL Zitronensaft	und
1 Msp. Salz	abschmecken. Die Sauce bei etwa 50 °C bis zum Servieren warm halten.

Sauce hollandaise ist eine unverzichtbare Beigabe zu Spargel oder anderen edlen Gemüsesorten, passt aber auch gut zu Fischgerichten.
Wenn Sie etwas geschlagene Sahne unter die Sauce hollandaise heben, dann erhalten Sie eine Sauce chantilly. Sauce charon ist eine tomatisierte Sauce hollandaise, durch Zugabe von Tomatenmark oder passierten Tomaten, und passt besonders gut zu Geflügel, Fisch und Krustentieren. Sauce béarnaise wird ebenfalls auf Basis der Sauce hollandaise hergestellt, unter der Zugabe von frischem Kerbel und Estragon. Diese Sauce schmeckt besonders gut zu Grillgerichten mit Fleisch.

Pfälzer Meerrettisch-Soss

Von Hannelore Riedesel Fz. E. , Schwegenheim

Gekochtes Rindfleisch wird gerne bei Familienfeiern als Vor- und Hauptspeise gereicht. Bei der Herstellung entsteht eine wunderbare, kräftige Fleischbrühe. Diese dient als Grundlage für die Pfälzer Meerrettisch-Soss.

50 g Butter	im Topf erhitzen, darin
2 EL Mehl	anschwitzen.
500 ml Rindfleischbrühe	unter kräftigem Rühren mit einem Schneebesen hinzufügen. Die Sauce soll dick-sämig sein.
½ Stange frischer Meerrettich	waschen, schälen, reiben und zur Sauce zugeben. Mit
Salz, Pfeffer, Muskat, Zucker	und eventuell etwas
Essig	abschmecken.

Statt frischem Meerrettich können Sie auch 75 g puren Meerrettich aus dem Glas zur Sauce geben. Diese Sauce wird in der ganzen Pfalz zu »Fleschknepp« (Fleischklöße, Rezept S. 89) gereicht.

129

Das Schlössel – in Herxheim abgebaut und in Landau neu aufgebaut

Freizeit im Goethepark in Landau

Wildfond

Von Peter Hemmler, Landau

Zu schnell erfolgt beim Einkauf der Griff zu Fertigprodukten. Besonders bei Saucen und Suppen hat die Lebensmittelindustrie eine große Auswahl geschaffen. Die Herstellung einer frischen Suppe oder Sauce ist jedoch nicht schwierig. Ein Fond bildet die Grundlage und ist in der weiteren Verwendung variabel. Nicht verbrauchte Mengen lassen sich portioniert sehr gut einfrieren.

3 kg Wildknochen (vom Metzger oder Jäger, klein gehackt)	in
3 EL Öl	anrösten.
2 Zwiebeln	schälen und würfeln.
1 Stange Lauch	sowie
3 Karotten	und
1 kleine Sellerieknolle mit Grün	waschen, putzen, in Würfel schneiden und mit den Zwiebelwürfeln zu den Knochen geben. Alles kräftig anrösten und
3 EL Tomatenmark	hinzufügen, gut verrühren und leicht andünsten.
1 l Rotwein	und
2 l Wasser	auffüllen und aufkochen. Ein Kräutersäckchen mit
Lorbeerblätter, Wacholder, Piment, Pfefferkörner	füllen, in die köchelnde Brühe geben und nach etwa 30 Minuten wieder entfernen. Nun noch 2,5 Stunden köcheln lassen und zwischenzeitlich abschäumen. Anschließend die Brühe absieben und auf die Hälfte einkochen (reduzieren). Bei Bedarf vorsichtig mit
Salz	abschmecken.

130

Das Kräutersäckchen kann selbstverständlich individuell zusammengestellt werden.

Ein Platz zum Feiern in Insheim – alle Winzerhöfe sind geöffnet.

Braun Zwiwwel-Soss

Von Hannelore Riedesel Fz. E., Schwegenheim

4 – 5 große Zwiebeln	schälen, in Ringe schneiden und in
1 EL Schmalz	goldgelb dünsten.
3 EL Mehl	über die Zwiebeln geben, kurz andünsten und mit
500 ml Fleischbrühe	ablöschen.
2 Nelken	und
1 Lorbeerblatt	in die Sauce geben, dann 20 Minuten köcheln lassen. Zwischendurch immer wieder umrühren, damit die Sauce nicht anbrennt. Mit
Salz, Pfeffer, Zucker	abschmecken. Nelken und Lorbeerblatt vor dem Servieren entfernen.

> Diese Sauce kann zu vielen Fleischgerichten gereicht werden und passt gut zu Pfälzer Leberknödeln (Rezept S. 88).

131

Vanillesauce

Von Fritz Lindemann, Club der Köche Südpfalz e.V., Landau

1 Vanillestange	aufschneiden, in
1 l Milch	legen, dann
100 g Zucker	zugeben, verrühren und aufkochen. Die Vanillestange herausnehmen, das Vanillemark herauskratzen und der Milch wieder zufügen. Dann
30 g Speisestärke	in
100 ml Milch	auflösen, die Sauce damit binden und kurz aufkochen.

Dorfbrunnen in Insheim

Weinschaumsauce

Von Helge Jäger, Weinstube zum Trifels, Landau

2 Eigelb	mit
100 g Zucker	und
250 ml Weißwein	
2 EL Zitronensaft	sowie
1 EL Speisestärke	in einen Topf geben und gut verrühren. Nun mit einem Handrührgerät auf kleiner Stufe rühren. Die Masse erhitzen und mit dem Rührgerät auf höchster Stufe rühren, bis die Sauce hochsteigt.
1 EL Speisestärke	mit
3 TL Wasser	anrühren und zum Binden in die Sauce rühren.

> Eine Weinschaumsauce wird nicht nur zu Pfälzer Dampfnudeln (Rezept S. 118) gereicht, sondern auch zu Cremespeisen, Eis, Kuchen und Gebäck.

132

Fachwerk-Rathaus in Ilbesheim

Weinreben zwischen Arzheim und Ilbesheim

Winzergenossenschaft Deutsches Weintor – eine Pfälzer Erfolgsgeschichte

Von Andreas Tenhafen, Pronomen GmbH & Co. KG

»Jede dritte verkaufte Flasche Pfälzer Wein im Lebensmitteleinzelhandel stammt aus dem Hause Deutsches Weintor«, betont der geschäftsführende Vorstand und Kellermeister von Deutsches Weintor, Jürgen C. Grallath, nicht ohne Stolz. Die Weinmacher aus Ilbesheim stehen seit mittlerweile 57 Jahren für Weine von höchster Qualität und haben sich nicht zuletzt als Dornfelder-Pioniere weit über die Grenzen der Pfalz hinaus einen Namen gemacht.

Angefangen hat die Geschichte der Winzergenossenschaft jedoch unter schwierigen Bedingungen: Der pfälzische Weinbau lag in den 50er Jahren des letzten Jahrhunderts quasi am Boden und die Gründung einer Genossenschaft erforderte viel Mut und Weitsicht. Innovationsfreude und kompromisslose Qualitätssicherung brachten Deutsches Weintor schließlich in die Erfolgsspur und haben das Unternehmen zu einem wichtigen Arbeitgeber der Region gemacht. Heute hegen und pflegen die rund 760 Genossenschaftswinzer ihre Rebstöcke auf rund 1000 Hektar Anbaufläche entlang der Südlichen Weinstraße und in der Mittelhaardt. Mehr als 20 Rebsorten bauen sie in den Weinbergen an. Zu den wichtigsten Trauben zählen die Weißen und Roten Burgunderreben sowie der Riesling. Besonderes Augenmerk legen die Ilbesheimer Weinmacher auf den Dornfelder. Deutsches Weintor verfügt über mehr als 30 Jahre Erfahrung in der Verarbeitung dieser Rebsorte und bot sie 1979 als einer der ersten Produzenten sortenrein in der Flasche an. Mit großem Erfolg: Der Dornfelder Rotwein Trocken wurde insgesamt zehnmal von der Fachzeitschrift Weinwirtschaft als »Deutscher Rotwein des Jahres im LEH« ausgezeichnet. Heute gilt Deutsches Weintor als der Dornfelder-Pionier in Deutschland. Doch auch im Weißweinbereich verfügen die Ilbesheimer Weinmacher über höchste önologische Kompetenz. So wurde etwa ihr Grauer Burgunder aus der Erfolgsserie »Exclusiv Trocken« von der Weinwirtschaft in den Jahren 2010, 2011, 2012 und 2013 zum besten deutschen Weißwein des Jahres im LEH gekürt.

Ende 2011 wurde durch den Zusammenschluss mit der Niederkirchener Weinmacher eG ein weiterer Meilenstein in der Unternehmensgeschichte gesetzt. Mit diesem Schritt stieg Deutsches Weintor zur größten Winzergenossenschaft in der Pfalz auf und zählt seitdem zu den vier führenden in ganz Deutschland. Durch die Fusion konnte das Unternehmen seine Riesling-Kompetenz weiter ausbauen, da nun dank der Niederkirchener Mitglieder die besten Mittelhaardter Rieslinglagen zu den Anbaugebieten der Genossenschaft gehören.

Eine zentrale Rolle spielt seit Gründung der Genossenschaft 1956 die Erkenntnis, auf Massennachfrage nicht mit Massenware zu reagieren. Trends setzen statt ihnen hinterherzulaufen, lautet das Motto des Unternehmens bis heute. So entstanden in den letzten Jahren Spezialitäten wie der weiße Rote Spätburgunder Blanc de Noir oder ein trockener Dornfelder Rosé. 2006 brachten die Ilbesheimer die nach dem LO3-Schonverfahren vinifizierte Edition Mild in den Handel, deren Weine durch ihre sanfte Säure besonders wohltuend sind. 2012 folgte mit der Marke Dr. Kunz – Weinkultur für Diabetiker erneut eine am Markt einzigartige Weinlinie, die sich eng an den Bedürfnissen vieler Konsumenten orientiert.

Der Qualitätsgedanke zieht sich – vom Weinberg bis in den Keller – wie ein roter Faden durch die Weinerzeugung. So dokumentieren die Winzer von Deutsches Weintor ihre hohen Qualitätsansprüche mit regelmäßigen Aufzeichnungen über Weinbergbegehungen und Analysen im Weinberg. Anfang 2006 riefen die Pfälzer zudem als erste deutsche Genossenschaft ein Kompetenzteam ins Leben, um die Weinqualitäten weiter zu steigern. Dazu analysiert das aus Jungwinzern und einer Qualitätsmanagerin bestehende Kompetenzteam die Bedingungen in den Weinbergen und unterbreitet den Winzern Verbesserungsvorschläge.

Dass das Konzept, weinhandwerkliche Tradition und zukunftsorientierte Produktion zu verbinden, richtig ist, bestätigen unabhängige Institute sowie zahlreiche nationale und internationale Auszeichnungen durch Handel und Fachmedien. 2007 und 2009 erreichte Deutsches Weintor als einer der ersten Weinbaubetriebe die IFS-Zertifizierung (International Food Standard) »Higher Level >99 %« – ein weiterer Meilenstein in der Geschichte der Winzergenossenschaft. »Die wichtigste Auszeichnung für uns«, so Jürgen C. Grallath »ist und bleibt aber die Zufriedenheit der Kunden.«

Ein Rebenmeer: Blick über die Weinberge nach Ilbesheim, im Hintergrund die Silhouette der Haardt

Pfälzer Wildkräuterpaste

Von Ursula und Johannes Schauer, Kräuterschule Wildwiese, Bad Bergzabern

100 g frische Wildkräuter
(z.B. Feldthymian, Wilder
Oregano, Wilder Rucola,
Bärlauch, Giersch, Brennnessel,
Gundermann, Löwenzahn,
Brunnenkresse) mit

3 g Meersalz und soviel

Sonnenblumenöl pürieren, dass eine cremige Masse entsteht. Nach dem Abfüllen in Gläser sollte ein geringer Ölüberstand entstehen, der konservierend wirkt.

> Die Wildkräuterpaste eignet sich als Würzmittel für Suppen, Dips, Eintöpfe, Pizza oder als Brotaufstrich. Im Kühlschrank ist die Paste etwa 6 Monate haltbar.

Pfälzer Vinaigrette

Vom Weinessiggut Doktorenhof, Venningen

1 TL Feigensenf mit

1 TL Feigenmus und

4 EL Edelwein-Essig vermischen, mit

Salz, Pfeffer würzen. Danach

6 EL Olivenöl langsam fließend mit einem Schneebesen einrühren, bis die Vinaigrette schön sämig wird. Kurz vor dem Servieren über den Salat geben.

> Vinaigrette ist die französische Bezeichnung für eine kalte Sauce, auf Basis von Essig, Öl und Kräutern. Diese Vinaigrette schmeckt toll zu Karottensalat, zum mediterranen Mozzarella, zu Parmaschinken und Blattsalaten oder zu Carpaccio.

135

Frische Kräuter – auch als Dekoration zu verwenden

Überbackene Maultaschen

Von Traudel Wüst, Dierbach

20 Maultaschen	in Streifen schneiden und in eine Auflaufform geben.
3 Stangen Lauch	waschen, in Streifen schneiden und in
1 EL Butter	andünsten.
400 g Kochschinken	in Streifen schneiden und zum Lauch dazugeben.
150 ml Wasser	angießen und
600 ml Sahne	sowie
150 g Crème fraîche	einrühren. Alles kurz aufkochen, mit etwas angerührtem
Mehl	binden und die Masse über die Maultaschen geben. Im Backofen bei 180 °C etwa 45 Minuten überbacken.

Überbackene Lachsbrötchen

Von Bärbel Bergemann, Landau

1 Ei	hart kochen, pellen und klein hacken.
1 Zwiebel	schälen und in kleine Würfel schneiden.
200 g Räucher- oder Graved Lachs	in kleine Würfel schneiden. Alle Zutaten mit
200 g Frischkäse	verrühren und die Lachs-Käsemasse mit
Salz, Pfeffer	würzen.
2 kleine Baguettestangen	in Scheiben schneiden und die Schnittfläche mit der Lachs-Käsemasse bestreichen. Dann die Baguettes auf ein Backblech setzen und im Backofen bei 160 °C (Oberhitze) etwa 5 bis 7 Minuten überbacken.

Impressionen von der Landauer Herbstmesse

Grüne Brötchen im Tontopf

Von Claudia Marschall-Emanuel, Ilbesheim

500 g Mehl	mit
1 TL Salz	und
1 Pck. Backpulver	vermischen.
100 g Butter	in kleine Stücke schneiden.
2 Handvoll junge Brennnesselblätter	waschen, klein schneiden und mit
125 ml Buttermilch	verquirlen. Die Butter hinzufügen und zur Mehlmischung geben. Das Ganze zu einem Teig verarbeiten. Den Teig ausrollen, in 12 Stücke schneiden, daraus Kugeln formen und in gewässerte Tontöpfe füllen. Bei 200 °C etwa 20 bis 25 Minuten backen, Nach dem Backen die Brötchen aus den Töpfchen herausnehmen.

Diese Brötchen sind ideale Begleiter zu leckeren Suppen (Rezepte ab S. 30). Köstlich auch mit Butter bestrichen zu einem Glas Wein.

137

Spaß und Vergnügen auf der Landauer Herbstmesse

Buntes Treiben auf der Landauer Herbstmesse

Zäskämer Zwewwlfescht
(Zeiskamer Zwiebelfest)

Von Peter Hemmler

Das Zäskämer Zwewwlfescht ist ein uriges Pfälzer Volksfest mit internationaler Kunst- und Kunsthandwerkerausstellung und einem großen deutsch-französischen Bauernmarkt. Es findet jeweils am ersten Wochenende im August auf dem Festplatz vor dem Zeiskamer Sängerheim statt.

Das bis weit über die Grenzen der Südpfalz hinaus bekannte Volksfest verdankt seine große Beliebtheit den nach »Großmutters Art« frisch zubereiteten Pfälzer Spezialitäten wie »Dampfnudle mit Wein- oder Vanillesoß«, »Gequellte mit Lewwer- un Griewewoorscht«, »Handkees« un »Weiße Kees«, »Pfälzer Zwewwlsupp«, »Zwewwlsteak« oder »Schnitzel mit Geelriewe un Erbse«. Mit all' diesen Köstlichkeiten werden die Gäste im Zwiebeldorf Zeiskam auf dem liebevoll hergerichteten Festplatz verwöhnt.

Seit dem ersten Zwewwlfescht wurde eine Ausstellung mit österreichischen und pfälzischen Künstlern, Hobbykünstlern und Kunsthandwerkern angegliedert. Von Anfang an hat diese Ausstellung das Zwewwlfescht wesentlich geprägt. Das Wagnis, Kunst mit einem Volksfest zu verbinden, war ein voller Erfolg und hat schon viele Nachahmer in der Region.

Seit dem Jubiläumsjahr 2005 findet im Rahmen des Zwewwlfeschts auch ein deutsch-französischer Bauernmarkt statt, bei dem Produzenten aus der Region und dem Elsass selbst hergestellte Produkte von höchster Qualität anbieten.

Bereits Ende März/Anfang April beginnt in der Südpfalz die Ernte der Frühlingszwiebeln.

Mit Zwiebeln dekoriertes Pferd

Kürbiswaffeln

Von Beate Gröbert, Birkenhördt

125 g weiche Butter	mit
3 EL Zucker	und
1 Pck. Vanillezucker	in eine Rührschüssel geben und schaumig schlagen.
4 Eigelb	sowie
1 Prise Salz	und die abgeriebene Schale von
½ Zitrone	hinzufügen und alles mit dem Rührgerät schaumig schlagen. Nun
250 g Mehl	hinzufügen und glattrühren.
250 ml Sahne (flüssig)	unterrühren.
4 Eiweiß	steif schlagen und gleichmäßig unterheben.
200 g Kürbisfleisch	fein raspeln und unter den Teig rühren. Ein Waffeleisen erhitzen und einfetten. Eine ausreichende Menge Teig einfüllen und portionsweise goldgelbe Waffeln backen. Fertige Waffeln sofort mit
Puderzucker	bestreuen.

139

Natürlich wird Zwewwlsupp (Zwiebelsuppe)
auf dem Zwiebelfest angeboten.

Zwei Zwiebelköniginnen beim
Zäskämer Zwewwlfescht (Zeiskamer Zwiebelfest)

Zeiskamer Zwiebelkuchen

Von Hiltraud Weiß, Zeiskam

500 g Mehl	sieben und in eine Schüssel geben, eine Mulde in die Mitte drücken. Dann
1 Würfel Hefe (42 g)	in die Vertiefung bröckeln und
250 ml lauwarme Milch	
40 – 60 g Butter	sowie
10 g Salz	zufügen. Alles gut vermischen und zu einem Teig kneten. Mit einem Küchentuch abdecken und 1 bis 2 Stunden gehen lassen, bis sich der Teig verdoppelt hat. Danach nochmals gut durchkneten, ausrollen und auf ein Backblech (z.B. 36 x 40 cm) legen. Für den Belag
200 g Speck	würfeln und in etwas
Öl	anbraten.
1,5 kg Zwiebeln	in Würfel schneiden, dazugeben.
1 Bund Lauchzwiebeln	in Ringe schneiden, zugeben, andünsten und mit
Salz, Pfeffer	würzen. Nun abkühlen lassen. Die Zwiebelmasse auf dem Teig verteilen. Für den Rahmguss
2 Eier	mit
150 g Schmand	und
Pfeffer, Salz	verquirlen und über dem Zwiebelbelag verteilen. Im vorgeheizten Backofen bei 200 °C etwa 40 Minuten backen.

Der Zwiebelkuchen schmeckt besonders im Herbst zum neuen Wein.

Zwiebelarrangement in Zeiskam

Käsfüße

Vom LandFrauenverein Herxheimweyher

250 g Mehl	mit
1 gestr. TL Backpulver	und
1 Prise Salz	
1 Msp. Paprika (edelsüß)	
125 ml Sahne	
125 g kalte Butter	sowie
200 g geriebener Gouda oder Emmentaler	zu einem Käsemürbeteig verkneten. 15 Minuten kalt stellen. Anschließend den Teig ausrollen und mit einer kleinen Fußform ausstechen. Auf ein Backblech setzen, mit
1 Eigelb (verquirlt)	bestreichen und die Teigstücke einzeln mit
Sesam, Mohn, Kümmel	verzieren. Im Ofen bei 180 °C etwa 12 bis 15 Minuten backen.

> Passt als Knabberspaß zu jeder Sorte Wein und auch zum Bier.

141

Kreuzgang an der Augustinerkirche in Landau

Frank Loeb'sches Haus in Landau

Fasnachtskrapfen

Von Klärle Bohlender, Steinweiler

500 g Speisequark	mit
4 Ei	
200 g Zucker	und
300 g Milch	in einer Schüssel glattrühren.
800 g Mehl	sowie
40 g Backpulver	unterheben. Einen Eisportionierer oder 2 Löffel in einen Topf mit heißem
Frittierfett	kurz eintauchen. Nun etwas Teig aufnehmen, in das heiße Fett geben und bei 170 °C etwa 4 bis 6 Minuten ausbacken. Mit
Puderzucker	bestreuen.

> Sehr schmackhaft, schnell gemacht und beliebt bei
> Groß und Klein – besonders in der Fasnachtszeit.

Stadttor in Billigheim

Fasnachtsküchle

Von Dagmar Schöer-Hemmler, Landau

> In der Südpfalz werden Fasnachtsküchle gerne zu Grumbeersupp (Rezept S. 37) serviert.

500 g Mehl	in eine Schüssel geben und eine Mulde bilden.
250 ml Milch	leicht erwärmen, dann
50 g Zucker	zugeben und
20 g Hefe	hineinbröckeln. Die Zutaten gut vermischen und kneten, mit einem Küchentuch abdecken und an einem warmen Platz etwa 1 Stunde gehen lassen. Danach
50 g Butter	und
2 Eier	zugeben, gut durchkneten und nochmals 1 Stunde ruhen lassen. Den Teig nun fingerdick ausrollen und mit einem in
Mehl	getauchten Glas Küchle ausstechen.
1 kg Backfett	erhitzen, die Teigstücke portionsweise hineingeben und etwa 7 bis 10 Minuten goldgelb ausbacken. Die Küchlein zum Abschluss in
Zimtzucker	wenden.

143

Kirche und Klostergarten in Klingenmünster

Das Loschter Handkeesfescht (Lustadter Handkäsefest)

Von Peter Hemmler

Butterstoßen und Handkessdricken sind traditionelle Verarbeitungsmethoden zahlreicher Haushalte in Lustadt. Diese Traditionen wurden über Generationen bewahrt und gepflegt und dienten einst als Namensgeber für das Loschter Handkessfescht. Die Butterherstellung war eine sehr zeitaufwändige Handarbeit und gehörte zu den Aufgaben der Bauersfrauen. Milch wurde in flache Gefäße gefüllt, auf der sich später der Rahm absetzte. Dieser wurde abgeschöpft und in Holzfässern mit langen Stampfern aus Holz so lange bearbeitet, bis der Rahm fest wurde. Nach dem Waschen der festen Masse und dem Abpressen der Flüssigkeit entstand die Butter. Erst gegen Ende des 19. Jahrhunderts wurde Butter mit Hilfe einer Zentrifuge hergestellt.

Bei der Herstellung von Käse entsteht zunächst eine Quarkmasse. Diese wurde von Hand durchgeknetet bzw. durchgedrückt (= Handkeesdricken) und zu kleinen Laibchen geformt. Diese Rohlinge mussten vorerst trocknen, um anschließend im Steintopf mehrere Wochen zu reifen.

144

Der Verein »Loschter Handkeesfescht« kann in naher Zukunft auf eine 90-jährige Geschichte zurückblicken. Als Georg Lehr und Georg Ott 1925 das erste Loschter Handkeesfescht ins Leben riefen, war ihr erklärtes Ziel die Organisation eines familiären Volksfestes zu volkstümlichen Preisen. Die Anfänge kamen noch recht bescheiden daher, doch mit der Zeit entwickelte sich ein großes, beliebtes Fest für Jung und Alt.

Bedingt durch den Zweiten Weltkrieg erfuhren die Feierlichkeiten eine Zwangspause, doch Anfang der 1950er Jahre war bereits die magische Grenze von 10 000 Festbesuchern erreicht. Waren die Festlichkeiten zu Beginn nur an einem einzigen Tag ausgerichtet, wurde es später Brauch, den Besuchern an drei Tagen unbeschwerte Stunden bei gutem Essen und Trinken zu bieten. Heute besuchen jedes Jahr etwa 40 000 Gäste aus nah und fern das Loschter Handkeesfescht. Es zählt mittlerweile zu den größten Volksfesten der Region.

Ausrichter des Loschter Handkeesfeschts sind die Sport,- Heimat,- und Brauchtumsvereine. Geselliges Beisammensein, das gemeinsame Feiern und der Genuss von regionalen Spezialtäten stehen im Vordergrund. Ansässige Musikgruppen begleiten das Fest stimmungsvoll. Das außergewöhnliche Erlebnisangebot für Kinder trägt heute zusätzlich zum Gelingen des Festes bei.

Die Bänke füllen sich zum Loschter Handkeesfescht.

Handkäs' mit Musik

Von Peter Hemmler, Landau

Ursprünglich kommt der Handkäse aus Hessen und ist ein Sauermilchkäse. Im gesamten Rhein-Main-Gebiet hat er sich verbreitet – auch in der Pfalz kann er auf einen lange Tradition zurückblicken. In Lustadt in der Pfalz wird in naher Zukunft das 90-jährige Loschter Handkeesfescht gefeiert. Die Musik steht im Zusammenhang mit den Geräuschen, die der Handkäse bei der Verdauung verursacht.

4 Stück Handkäse (à 100 g)	etwa 2 bis 4 Tage in einem Tongefäß reifen lassen. Dann den Handkäse in dünne Scheiben schneiden und in eine Schüssel legen.
8 EL Essig	mit
6 EL Öl	zu einer Marinade verrühren und mit
Salz, Pfeffer	würzen.
4 Zwiebeln	schälen, in kleine Würfel schneiden und über dem Käse verteilen. Mit
2 TL Kümmel	bestreuen und die Marinade darübergießen. Den Käse 1 bis 2 Stunden an einem kühlen Ort ziehen lassen.
1 Bund Petersilie	waschen, trocknen, klein schneiden und den Käse damit garnieren.

Brot, Butter und – wenn die Jahreszeit es erlaubt – Radieschen dazu reichen. Hierzu schmeckt ein Gewürztraminer oder ein kräftiger Dornfelder.

Handkees (Handkäse)

Ofenschlupfer

Von den LandFrauen Steinweiler

750 g Äpfel	schälen und ohne Kerngehäuse in feine Blättchen schneiden.
4 trockene Brötchen	in feine Scheiben schneiden und mit den Apfelscheiben lagenweise in eine Auflaufform schichten. Dazwischen
50 g Rosinen	und
100 g Zucker	einstreuen.
3 Eier	mit
750 ml Milch	verquirlen und über die Äpfel- und Brötchenscheiben gießen. Etwa 1,5 Stunden durchziehen lassen. Nun
40 g Butterflöckchen	über dem Auflauf verteilen und etwa 45 Minuten bei 160 °C backen.

146 Feigen im Blätterteig

Von den LandFrauen Freimersheim

200 g TK-Blätterteig	aus der Packung nehmen, die Teigplatten nebeneinander legen und auftauen lassen.
4 frische Feigen	abwaschen und vorsichtig mit Küchenpapier abtupfen.
	Den Backofen auf 175 °C vorheizen.
	Die Teigplatten aufeinander legen, in Messerrückenstärke ausrollen, in 4 Quadrate schneiden und in die Mitte jeweils eine Feige setzen. Den Teig an den Rändern hochziehen, die Enden über den Feigen zusammendrehen und auf ein mit Backpapier belegtes Blech setzen.
1 Eigelb	mit
2 EL Sahne	verrühren, den Teigmäntel damit bepinseln und etwa 15 Minuten bei 175 °C im Ofen mit Umluft backen.

Touristen-Fahrten zwischen Wissenbourg (F) und Schweigen-Rechtenbach (D)

Vanilleparfait mit Erdbeersauce

Von Renate Kuntz, Hayna

125 g Zucker	in
125 ml Wasser	auflösen und mit
3 Eigelb	sowie dem ausgekratzten Mark von
3 Vanilleschoten	im warmen Wasserbad schaumig aufschlagen. Die Masse vom Wasserbad nehmen, durch ein feines Sieb streichen und mit dem Schneebesen schlagen, bis eine zähflüssige Masse entsteht. Dann
5 cl Kirschlikör	in kleinen Mengen hinzufügen.
200 ml Sahne	steif schlagen, unterheben und die Masse in eine Form (z.B. Gugelhopf- oder Kuchenform) füllen. Mindestens 8 Stunden ins Tiefkühlfach stellen. Für die Erdbeersauce
500 g Erdbeeren	mit
80 g Puderzucker	sowie
2 – 3 EL Zitronensaft	im Mixer pürieren und durch ein feines Sieb streichen.

147

Süße Versuchung bei einem Treffen mit Freunden

Eine Episode
aus dem Leben einer Weinkönigin

Von Katja Schweder, Deutsche Weinkönigin 2006/2007

Wenn ich an spontane Grillfeste mit Freunden oder Überraschungsbesuche zurückdenke, dann ist mein liebstes Dessert ein ungezwungener »Crumble«, der schnell und einfach gezaubert ist. Mit wenigen Zutaten kann man in ein paar Minuten seine Gäste glücklich machen und das ist fantastisch!

Das erste Mal habe ich den Crumble auf meiner Australien-Rucksackreise vor über zehn Jahren gegessen. Wenn man mit Anfang zwanzig für einige Monate und nur mit gerade mal 18 Kilogramm Gepäck durch die Welt reist, dann sind alle besonderen Düfte, Erlebnisse und Ereignisse für immer verankert. Besonders, wenn man die Ferne auch mit dem »Zuhause« vermischen kann.

Ich hatte während der Weinlese in Barrossa Valley in einem »Hostel« gewohnt. Wir waren etwa zwölf Erntehelfer aus acht unterschiedlichen Ländern. Abends nach der anstrengenden Arbeit waren alle hungrig und wir beschlossen, dass jeden Tag eine andere Person aus unserer Runde ihre Kochkünste ausleben durfte. Dann saßen wir unter unserem Eukalyptusbaum in der Abendsonne bei 25 Grad Celsius und tranken dazu australischen Weiß- oder Rotwein aus Plastikbechern.

Mein amerikanischer Erntehelferkollege liebte es zu grillen und beeindruckte uns mit seinen dicken und üppigen Burgern und selbst gemachten Pommes. Unsere Italienerin zauberte eine köstliche, scharfe Pasta. Die Spanierin kreierte selbstverständlich eine deftige Paella und ich musste auf Wunsch unseres Kanadiers Bratwurst mit Sauerkraut kochen.

Tatsächlich gab es in der Gegend einen deutschen Metzgermeister und die Zutaten konnte ich inklusive Kümmelbrot und Brezeln besorgen; auch wenn diese nicht ganz dazu passten. Ärgerlicherweise ist mir das Sauerkraut angebrannt. Im Gespräch mit meinen anderen »Backpackern« (Rucksackreisenden) hatte ich zu wenig Flüssigkeit in den Topf gegeben und ruck-zuck war das Sauerkraut ungenießbar.

Katja Schweder, Deutsche Weinkönigin 2006/2007

Jedenfalls waren die Bratwürste und das Brot recht lecker, aber alle hatten wir anschließend süße Gelüste. Meine englische Mitbewohnerin empfahl mir, doch schnell einen Crumble zu backen. Irgendwie konnte ich ihr nicht folgen, aber mit ein paar Handgriffen wurde die Auflaufform gefüllt und ich fühlte mich wie bei meiner Mutter am Samstagnachmittag, wenn es zu Hause Streuselkuchen gab. Jedoch war diese Variante schneller umgesetzt und ich durfte warm auftafeln.

Ich hatte mein Dessert für mich entdeckt. Während ich in Australien damals aber einen edelsüßen Sémillon dazu genossen habe, serviere ich heute gerne einen restsüßen Riesling oder auch Rieslaner dazu.

Pfälzer Streuobstwiesen-Apfel-Crumble

Von Katja Schweder, Hochstadt, Deutsche Weinkönigin 2006/2007

30 g Zucker	mit
¼ TL Zimt	und
125 g Butter	
150 g Mehl	sowie
150 g Haferflocken	zu Streusel rühren.
500 g Pfälzer Äpfel	vierteln, Kerngehäuse entfernen, in Scheiben schneiden und in eine Auflaufform schichten. Nach Belieben mit
Zimtzucker	bestreuen. Anschließend die Streusel darauf verteilen. Gerne dürfen auch ein paar Apfelstückchen herausschauen. Im Ofen bei 200 °C etwa 20 bis 30 Minuten backen.

149

Bei sauren Äpfeln als natürliche Süße, einen guten Schuss Pfälzer Traubensaft zugeben. Man kann den Crumble warm servieren und mit geschlagener Sahne und Vanilleeis genießen. Je nach Jahreszeit schmeckt der Crumble auch mit Erdbeeren, Birnen, Rhabarber oder Kirschen sehr lecker.

Vollerntereinsatz bei der Lese

Rhabarber-Mousse

Von Renate Kuntz, Hayna

600 g Rhabarber	waschen, fein schneiden, mit
180 g Zucker	und etwas Wasser zum Kochen bringen. Danach durch ein feines Sieb streichen.
6 Blatt Gelatine	im kalten Wasser einweichen, ausdrücken und unter die Rhabarbermasse mischen.
1 l Sahne	steif schlagen und unter den abgekühlten Rhabarber heben. In eine Schüssel füllen und mehrere Stunden im Kühlschrank kalt stellen.

Mühsamer Transport der Weinlese anno dazumal

Crêpes – ursprünglich eine französische Spezialität – heute in der deutschen Küche fest verankert.

Pflaumenreis mit Sophienbalsam

Von Weinessiggut Doktorenhof, Venningen

125 g Milchreis	in
500 ml Milch	körnig garen, mit
50 g Zucker	süßen und
1 EL Butter	hinzugeben. Nun etwas abkühlen lassen und
3 Eigelb	unterziehen. Die Hälfte der Masse in eine gefettete Auflaufform geben und
125 g Pflaumengelee	aufstreichen. Die andere Hälfte Milchreis daraufgeben.
500 g frische Pflaumen	entsteinen, in
2 EL Butter	in der Pfanne anschwitzen.
4 cl Sophienbalsam mit Pflaumen oder gereifter Weinessig	hinzufügen und auf den Reis geben.
3 Eiweiß	zu Eischnee schlagen und als Abschluss in die Form geben. Mit
50 g Zucker	bestreuen und im Backofen bei 200 °C Oberhitze leicht bräunen.

151

> Sophienbalsam ist ein besonderer Aperitifessig aus unserer Region, über Jahre im Barriquefass gereift, mit Aromen von Pflaumen. Sophienbalsam ist beim Weinessigut Doktorenhof in Venningen erhältlich.

Jocelyne und Merle genießen Zuckerwatte.

Bayerische Creme

Von Peter Hemmler, Landau

Die Bayerische Creme ist die Basis von vielen Cremes und wird gerne als eigenständiges Dessert verwendet. Ableitungen – wie z.B. Erdbeer,- Kirsch- oder Schokoladencreme – basieren auf der Bayerischen Creme, die durch Zugabe von passiertem Fruchtfleisch oder aufgelöster Kuvertüre bzw. von Schokolade verfeinert wird. Die Zubereitung ist recht einfach und das Ergebnis ist ein besonderer Genuss und eine echte Alternative zu Fertigdesserts.

1 Vanilleschote	halbieren, mit der Messerspitze das Mark herauskratzen und mit
500 ml Milch	in einen Topf geben. Verrühren und erhitzen.
5 Blatt Gelatine	in kaltem Wasser einweichen und ausdrücken.
5 Eigelb	mit
100 g Zucker	cremig rühren, in die heiße Milch langsam einrühren und die Masse im Topf oder in einer Schüssel über einem heißen Wasserbad bis zur Rose rühren. Dann sofort vom Wasserbad nehmen, die ausgedrückte Gelatine einrühren, auflösen und kalt werden lassen.
500 ml Sahne	steif schlagen und vor dem Gelieren unter die Creme ziehen.

152

> Bis zur »Rose rühren« oder zur »Rose aufschlagen« bedeutet,
> die Masse im Topf rühren, bis sie nach oben steigt.

An der Südlichen Weinstraße gibt es keinen Mangel an guten Gasthäusern.

Frühlingserwachen: die ersten Kirschblüten

Weincreme mit Haube

Von Ursula Blaschke, Germersheim

500 ml trockener Weißwein Zitronenschale	mit etwas geriebener
5 EL Zucker	und
4 Eigelb	verquirlen.
3 EL Speisestärke	dazugeben, einrühren und aufkochen lassen. Die Masse nun in eine feuerfeste Form füllen und erkalten lassen.
4 Eiweiß	mit
2 Pck. Vanillezucker	steif schlagen, über die Creme geben und mit
4 EL gehackte Mandeln	bestreuen. Im Backofen bei 180 °C mit Oberhitze etwa 8 bis 10 Minuten überbacken und noch heiß servieren.

Der Geilweiler Hof in Siebeldingen

153

Hainfeld ist ein heimeliges Dorf inmitten der Südlichen Weinstraße.

Emilie – eine Magd aus dem 18. Jahrhundert berichtet ...

Von Dagmar Schröer-Hemmler, Gästeführerin in Landau

»Mein Name ist Emilie, ich wurde in Neustadt geboren, habe fast 40 Jahre in Landau gearbeitet und gelebt. Ich war eine einfache Magd, die für Kost und Logis gearbeitet hat und ein kleines Handgeld dazubekam. Aus diesem Grund ist für mich vieles sehr erstaunlich, was es in diesem Kochbuch zu lesen gibt. Man hat mich gebeten aufzuschreiben, wie wir uns vor gut 250 Jahren ernährt haben.

Zu essen gab es bei uns genug. Aber nicht viel Abwechslung. Oft tagelang das gleiche Gericht, je nach Jahreszeit. Es gab zwei feste Mahlzeiten am Tag: Morgens, vor der Arbeit und abends, nach der Arbeit. Morgens gab es meist einen Getreidebrei aus Gerste, Hafer, Buchweizen oder Graupen. Der Brei wurde unter ständigem Rühren über der offenen Flamme im Kessel gekocht. Mal gab es getrocknete Obstschnitze dazu, selten aber ein Stück Fleisch. Als Sättigungsbeilage gab es zu allen Mahlzeiten dunkles, grobes Brot. Zum Trinken gab es Buttermilch, Molke, Dickmilch, für die Männer auch dünnes Bier oder verdünnten Wein.

Gegessen wurde gemeinsam – aus dem großen Kessel. Jeder hatte seinen Holzlöffel, auf den er achtete. Diesen Löffel gab es meist schon zur Taufe vom Taufpaten. Und er hielt oft bis zum letzten Tag. Von daher kommt der Ausspruch: ›Er hat seinen Löffel abgegeben.‹.

Abends aß man meist einen deftigen Eintopf oder eine Suppe aus allem, was verfügbar war. Dazu wieder grobes Brot.

Beim Schlachten wurde das ganze Tier verarbeitet. Blut zum Beispiel für Suppen und Wurst, Innereien für Eintöpfe. Selbst Zunge, Augen und Hirn wurden gegessen. Kalbskopf oder Schweinekopf wurden komplett serviert. Rind gab es bei den einfachen Leuten selten – das war oft zu teuer. Wer sich kein Fleisch leisten konnte, ersetzte dies durch Eier, die preiswerter waren.

Die Kartoffel war noch neu, wurde bei uns aber schon seit Jahren angebaut. Es gab viele Rezepte, wie man sie verarbeiten konnte. Sie war lecker, machte satt und war für uns einfach zu pflanzen. Sonst gab es sehr oft Bohnen und Erbsen oder auch Mais. Das grobe Brot gab es zu allen Mahlzeiten. Jede Hausfrau stellte ihr Brot selbst her. Dazu holte man sich beim Bäcker Sauerteig und ließ den Teig über Nacht gehen. Das fertige Brot wurde markiert, dazu hatten viele Haushalte einen Holzstempel mit den Initialen des Hausherren. Beim Bäcker wurde das Brot gegen ein geringes Entgelt gebacken. Das Wasser war zum Trinken meist nicht geeignet. Selbst die Kinder tranken darum schon dünnes Bier und verdünnten Wein, der bei uns noch gewürzt wurde, zum Beispiel mit Muskatnuss.

Für jeden Haushalt war es überlebensnotwendig sich Vorräte für die Winterzeit anzulegen. So wurde Obst in Spalten oder Ringe geschnitten und getrocknet.

So sah eine Küche zu Zeiten
unserer Urgroßeltern aus.

Ebenso Pilze und Nüsse. Auch Beeren waren sehr wichtig, wurden fleißig ge-
sammelt und getrocknet; ebenso Blätter und Kräuter für Aufgüsse und Tink-
turen bei Erkrankungen. Aufbewahrt wurde das alles in irdenen Gefäßen, die
gut verschlossen wurden oder in Jutesäcken, die von der Decke hingen – um
sie vor den Mäusen und Ratten zu sichern.

Obwohl wir immer satt wurden, würde ich gerne mal die Gerichte aus Ihrer Zeit
probieren.«

Gebackene Milchweck (Arme Ritter)

Von Herrn Fritz Lindemann, Club der Köche Südpfalz e.V., Landau

8 Stück Milchweck (Milchbrötchen, vom Vortag)	mit einer Reibe die Rinde abreiben, halbieren, die Brösel aufbewahren. Die Hälften in eine Schüssel geben.
1 l Milch	erhitzen und
200 g Zucker	sowie
1 Pck. Vanillezucker	
1 Prise Salz	hinzufügen und gut verrühren.
8 Eier	aufschlagen, hinzugeben, gut verrühren und die Milch über die Brötchenhälften gießen. Dann die Brötchen mehrmals wenden, bis die Flüssigkeit aufgesogen ist. Die Milchbrötchen nun in den Semmelbrösel wenden.
200 g Butter oder Margarine	schmelzen, erhitzen und darin die Brötchen goldgelb ausbacken.
150 g Zucker	mit
1 EL Zimt	mischen, die gebackenen Milchweck darin wenden.

> Dazu reichen Sie Vanillesauce (Rezept S. 131).

156

Traditionen werden an die Kinder weitergegeben.

Holunderblütencreme

Von Sonja Burg, Berufsbildende Schule Germersheim/Wörth

3 Blatt Gelatine	in kaltem Wasser einweichen, quellen lassen und auflösen. Nun in
150 ml Holunderblütensirup (Rezept S. 182)	einrühren und bestenfalls kalt stellen. Sobald das Gelieren beginnt
250 g Magerquark oder Naturjoghurt	unterrühren. Dann
150 ml Sahne	steif schlagen und unterheben. Die Creme portionieren und kalt stellen.
100 ml Balsamico-Essig	und
100 ml Rotwein	in einen Topf geben und auf ein Drittel der Menge einkochen.
250 g Erdbeeren	waschen, die Blüten entfernen, in dünne Scheiben schneiden. Mit
60 g Zucker	vermischen. Etwa 6 Esslöffel Balsamico-Reduktion unter die Erdbeeren mischen und diese über die Creme verteilen. Mit
Zitronenmelisse oder Pfefferminze	garnieren.

157

Der Billigheimer Purzelmarkt hat seinen Ursprung im Jahr 1450. Heute ist der Purzelmarkt eines der größten und ältesten Volksfeste in der Pfalz.

ecker Rohrbach

BILLIGHEIMER PURZELMARKT

Ältestes Volksfest der Pfalz

Zwetschgenkompott und Walnusseis

Von Frau Petra Roth-Püngeler, Restaurant Schneider, Dernbach

500 g Pfälzer Zwetschgen	entsteinen, mit
80 g Zucker	und
100 ml Wasser	
100 ml Rotwein	
100 ml Johannisbeersaft	sowie
1 Zimtstange	bei kleiner Hitze im Topf köcheln, bis die Zwetschgen weich sind, aber noch Biss haben.
20 g Speisestärke	mit etwas Wasser glattrühren, zu den Zwetschgen geben, verrühren und kurz aufkochen, dann erkalten lassen.

Walnusseis

250 ml Milch	mit
250 ml Sahne	in einem Topf kurz aufkochen. In einer Metallschüssel
2 Eier	mit
2 Eigelb	
70 g Blütenhonig	und
20 g Zucker	cremig rühren, bis die Masse eine helle Farbe angenommen hat. Vorsichtig die heiße Milch-Sahne unterrühren und im Wasserbad zur Rose abziehen. Dabei so lange rühren, bis die Masse cremig wird. Dann
2 cl Amaretto	zugießen und erkalten lassen.
80 g Walnusskerne	grob hacken und in einer Pfanne mit
20 g Zucker	anrösten. Die erkaltete Eismasse in eine Eismaschine geben. Die Walnüsse bei halbfester Konsistenz hinzufügen und fertig gefrieren.

Blick auf den idyllischen Ort Dernbach

Hippen

60 g Puderzucker	durchsieben. Nach und nach mit
2 Eiweiß	
60 g flüssige Butter	und
60 g Weizenmehl	in einer Schüssel zu einem Teig vermengen. Bedeckt etwa 1 Stunde kühl stellen. Den Backofen auf 170 °C vorheizen. Den Teig dünn auf ein mit Backpapier ausgelegtes Blech in unterschiedlichen breiten Bahnen aufstreichen. 5 Minuten backen und noch heiß zu Hippen (fingerdicke Röllchen) formen.

Alternativ können Sie die Eismasse in Gefrierbehälter füllen und bei -18 °C etwa 5 bis 8 Stunden gefrieren. Das Zwetschgenkompott mittig auf einen Teller setzen, das Walnusseis am seitlichen Kompottrand anlegen, mit Hippe garnieren.

Vor dem Restaurant Schneider in Dernbach

Pflaumen-Zimt-Konfitüre

Von Hildegard Winkler, Steinweiler

Für 8 bis 10 Gläser à 200 ml

1,2 kg Pflaumen	waschen, gut abropfen, die Früchte halbieren und entsteinen. Etwa 1 kg Fruchtfleisch mit
1 kg Gelierzucker (1:1)	und
2 TL gemahlener Zimt	vermischen. Nun 3 bis 4 Stunden zugedeckt durchziehen lassen. Anschließend in einen großen Topf geben, unter ständigem Rühren aufkochen und
3 – 4 Zimtstangen	zufügen. Etwa 4 bis 5 Minuten sprudelnd kochen lassen. Noch heiß und mit Zimtstangen in Schraubgläser füllen, sofort verschließen, auf den Kopf stellen und nach 10 Minuten wieder umdrehen.

Wer keine Fruchtstücke mag, kann vor Zugabe der Zimtstangen die Masse mit dem Pürierstab zerkleinern.

Gasse in Gleiszellen

... wie im Paradies: zwischen Gleiszellen-Gleishorbach und Klingenmünster

Himbeer-Champagner-Marmelade

Von Birgitta Kuntz, LandFrauen Herxheimweyher

Für 6 bis 7 Gläser à 200 ml

850 g Himbeeren	mit
500 g Gelierzucker (2:1)	in einem Topf vermischen und
150 ml Champagner oder Pfälzer Winzersekt	auffüllen, verrühren, aufkochen lassen und weitere 3 Minuten unter ständigem Rühren kochen. Danach sofort in Marmeladengläser bis zum Rand einfüllen und verschließen. Die Gläser auf den Kopf stellen und mindestens 5 Minuten so stehen lassen.

161

Blick von der Rietburg weit in das
Vorland der Weinstraße

Mit der Sesselbahn auf die Rietburg

Holunderblütengelee

Von Sonja Burg, Berufsbildende Schule Germersheim/Wörth

Für 5 bis 6 Gläser à 200 ml

12 große Holunderblütendolden	abschütteln, die Blüten mit einer Gabel von den Stielen abstreifen und in eine große Schüssel geben. Dann
750 ml Orangensaft	frisch pressen und darübergießen. Das Ganze 24 Stunden an einem kühlen Ort ziehen lassen. Anschließend den Orangensaft durch ein Tuch filtern.
500 g Gelierzucker (2:1)	und
15 g Zitronensäure oder den Saft von 1 Zitrone	zugeben, umrühren und 1 Stunde ziehen lassen. Das Gelee 4 Minuten sprudelnd kochen lassen. Am Ende der Kochzeit ein wenig von der Flüssigkeit auf einen kalten Teller gießen, die beim Schräghalten nicht verlaufen sollte (Gelierprobe). Andernfalls das Gelee noch länger kochen. Dann in Gläser abfüllen, verschließen und 5 Minuten auf den Kopf stellen.

Mit dem Fahrrad um die Welt:
Vor dem Start wird Abschied genommen.

Von Herxheim
mit dem Fahrrad um die Welt

Von Peter Hemmler

Am 22. Juni 2013 war es soweit: Von Herxheim in der Pfalz starteten Felix Starck aus Herxheim und Fynn Ettenhuber aus Weyarn, eine Gemeine in Bayern, zu ihrer Reise mit dem Fahrrad um die Welt. Zwei Jahre soll die Umrundung dauern. Bis zum Ziel werden sie rund 55 000 Kilometer Wegstrecke hinter sich gebracht haben, bevor sie – planmäßig im August 2015 – wieder in Deutschland ankommen. Ein fröhliches Abschiedsfest, mit Familie, Verwandten, Freunden und Sponsoren, natürlich bei herrlichem Südpfalz-Sonnenscheinwetter, fand unmittelbar vor dem Startschuss zur Weltreise vor dem Elternhaus von Felix Starck in Herxheim statt.

Kennengelernt haben sich die beiden, beruflich bedingt, erst Anfang des Jahres 2013. Von Beginn an stimmte die Chemie untereinander und so entstand aus einer ursprünglichen Idee von Felix Starck dann das gemeinsame Projekt: »In zwei Jahren mit dem Fahrrad um die Welt«.

Almaty in Kasachstan war das erste Etappenziel, etwa 8000 Kilometer vom Start in Herxheim entfernt. Während der Reise wurde jedoch eine Änderung der Route vorgenommen, da das Visum für Russland nicht erteilt wurde. Somit erfolgte die Weiterfahrt über die Türkei. Bangkok war eine Station im Januar 2014. Weitere Ziele waren Phuket sowie verschiedene Inseln in Thailand. Zwischenzeitlich wurde die Stadt Penang in Malaysia erreicht.

Vor dem Start haben beide ein hartes Trainingsprogramm absolviert: Mit dem Fahrrad 150 Kilometer – das entspricht der geplanten Tageswegstrecke. Die für die Reise ausgesuchten Fahrräder wiegen jeweils 20 Kilogramm. Hinzu kommen etwa 50 Kilogramm Gepäck pro Person. Auf den Rädern sind Lenker- und Seitentaschen sowie Packsäcke montiert. Darüber hinaus zieht jeder in einem kleinen Anhänger einen weiteren Packsack. Hinzu kommt noch das eigene Körpergewicht, also insgesamt eine gewichtige Größenordnung, die bewegt werden will. Übernachtet wird in erster Linie im eigenen Zelt und die Mahlzeiten werden in einer Reiseküche selbst zubereitet. Obwohl ein Reisebudget zur Verfügung steht, müssen die Ausgaben klein gehalten werden. In Australien und auf Hawaii sind längere Aufenthalte geplant. Dort wollen beide jobben, um die Reisekasse aufzufüllen. Die nächsten Stationen der Fahrrad-Weltreise sind Dehli/Indien – Singapur (11 000 Kilometer), Sydney/Australien – Cairns/Australien (3000 Kilometer), Auckland/Neuseeland – Christchurch/Neuseeland (1500 Kilometer), Hawaii/USA – Los Angeles/USA – Buenos Aires (12 000 Kilometer), Miami/USA – New York/USA (3000 Kilometer) und Oslo/Norwegen – Herxheim/Deutschland (6000 Kilometer).

Natürlich kann die Weltumrundung aufgrund der jahreszeitlichen Begebenheiten und Witterungsbedingungen sowie aufgrund von unwegsamem Gelände nicht voll und ganz mit dem Fahrrad erfolgen. Von daher sind mehrere Flüge zum Start der nächsten Etappen geplant.

Letzter Fototermin: Felix Starck aus Herxheim und Fynn Ettenhuber aus Weyarn (Bayern) sind startbereit.

Quitten-Chutney

Von Gabi Sanda, Gasthaus Birkenthaler Hof, Eußerthal

Für 4 Gläser à 200 ml

4 Quitten	waschen, bürsten, vierteln, Kerngehäuse entfernen und in kleine Würfel schneiden.
1 Zwiebel	schälen, würfeln und in
1 EL Butter	glasig dünsten.
3 EL Zucker	hinzufügen und mit
200 ml Wasser	auffüllen.
Je 1 Rosmarin-, Thymianzweig	sowie
1 Lorbeerblatt	zugeben und alles weich kochen, bis der Sud reduziert ist. Die Kräuter entfernen und das Chutney mit
schwarzer Pfeffer	würzen.
1 kleiner Thymianzweig	fein schneiden, unter die Quittenmasse heben und in heiße Gläser füllen.

164

Statt gemahlenem Pfeffer können Sie auch rosa Pfefferkörner verwenden. Quitten-Chutney passt zu Wildgerichten, zu gebratenem Fisch, aber auch zu Käse.

Landschaft an der Südlichen Weinstraße

Franz und Gabi Sanda vom Gasthaus Birkenthaler Hof in Eußerthal

Zwetschgen im Glas

Von Thomas Hollenbach, Privatklinik Gleisweiler Hilz KG, Gleisweiler

Für 8 bis 10 Gläser à 200 ml

Zwetschgen einkochen

200 g Zucker	mit
1 l Wasser	und
1 EL Zitronensaft	
1 Zimtstange	sowie
1 Sternanis	aufkochen und rühren, bis der Zucker gelöst ist.
1 kg Zwetschgen	gründlich waschen, halbieren und entsteinen. Einmachgläser mit Schraubverschluss (Twist-Off-Gläser) heiß ausspülen und die Zwetschgen bis zum oberen Rand einfüllen. Die Zuckerlösung in die Gläser füllen, bis die Zwetschgen bedeckt sind. Den Backofen auf 80 °C vorheizen. Die Gläser in ein tiefes Blech stellen und 2 cm hoch mit Wasser auffüllen. Das Blech in den Ofen schieben und etwa 30 Minuten bei 80 °C einwecken. Im Inneren der Gläser müssen Bläschen aufsteigen. Anschließend die Gläser aus dem Ofen nehmen und abkühlen lassen.

165

Zwetschgen-Marmelade

1 kg Zwetschgen	waschen, entsteinen, klein schneiden und in einen Topf mit
250 ml Wasser	geben. Danach
1 kg Zucker	und
2 EL Zitronensaft	
1 Sternanis	sowie
½ Zimtstange	hinzugeben. Bei kleiner Hitze etwa 10 bis 12 Minuten kochen, bis die Zwetschgen fast komplett verkocht sind und der Fond eine kräftige Farbe bekommen hat und zähflüssig wird. Die Masse noch heiß in Gläser füllen, verschließen und abkühlen lassen.

> Nach diesen beiden Rezepten können Sie zum Beispiel auch Mirabellen verarbeiten. Verwenden Sie dann ½ Vanilleschote anstelle von Zimt und Sternanis.

Villa Ludwigshöhe

Rotweinkuchen

Von Dagmar Schröer-Hemmler, Landau

300 g weiche Butter	mit
300 g Zucker	
1 Pck. Vanillinzucker	sowie
1 Prise Salz	mit dem Handrührgerät verrühren. Nach und nach
6 Eier	hinzufügen und gut verrühren.
3 TL Kakaopulver	sowie
1 TL Zimt	
1 TL frisch gemahlener Kaffee	und
150 g gehackte Bitterschokolade (mind. 70 % Kakaoanteil)	sowie
200 g gemahlene Nüsse (Mandel- oder Haselnüsse)	dazugeben und unterrühren.
400 g Mehl	mit
1 Pck. Backpulver	mischen und hinzufügen.
250 g (guter) Rotwein	dazugeben und verrühren. Den Teig in eine gut gefettete und mit
Semmelbrösel	ausgestreute Backform (z.B. Gugelhupf-Form) füllen und bei 160 °C (Umluft) etwa 1 Stunde backen. Ein Holzstäbchen in den Teig stecken, herausziehen. Klebt kein Teig daran, ist der Kuchen fertig. Den Kuchen herausnehmen und auf einem Rost abkühlen lassen. Je nach Geschmack mit
Puderzucker	bestreuen oder mit
Schokoglasur	bestreichen.

166

Je nach Anlass und Tageszeit trinkt der Südpfälzer einen vollmundigen, halbtrockenen Rotwein dazu. Ganz klassisch passt zu diesem Kuchen frisch geschlagene Sahne und ein frisch gebrühter Kaffee.

Besenbinderdenkmal in Ramberg

Rhabarberkuchen

Von Gisela Kern, Böchingen

300 g Mehl	mit
160 g Butter	
1 Pck. Vanillezucker	und
4 – 5 Eigelb	zu einem Mürbeteig verarbeiten und kalt stellen.
1,5 kg Rhabarber	waschen, schälen, würfeln und in eine Schüssel geben. Etwas
Zucker	hinzufügen (zum Saft ziehen) und stehen lassen. Eine runde Kuchenform (Ø 28 cm) gleichmäßig mit
Fett	ausstreichen. Den Mürbeteig ausrollen, in der Form auslegen und einen Rand hochziehen.
Kokosflocken	auf den Boden streuen. Den Rhabarber abtropfen lassen und auf dem Teig verteilen. Bei 150 bis 170 °C etwa 30 Minuten backen.
4 – 5 Eiweiß	steif schlagen und
100 g Zucker	einrieseln lassen und weiter schlagen, bis der Zucker gelöst ist. Danach
150 g fein geriebene Mandeln	unterheben. Den Kuchen aus dem Backofen nehmen, die Eiweißmasse (Baiser-Masse) darauf verstreichen und 10 bis 12 Minuten fertig backen, bis die Eiweißmasse leicht braun wird.

Die Wassergasse in Annweiler

Quark-Himbeer-Torte

Von Ida Abraham, Lustadt

2 Eiweiß	mit
2 EL Wasser	steif schlagen und
75 g Zucker	einrieseln lassen.
2 Eigelb	nacheinander unterschlagen.
75 g Mehl	mit
25 g Speisestärke	sowie
1 geh. TL Backpulver	mischen und auf die Eischaummasse sieben und alles vorsichtig miteinander vermischen, aber nicht rühren.
	Den Boden einer Springform (Ø 26 cm) mit Backpapier auslegen, den Teig einfüllen und glattstreichen. Im vorgeheizten Backofen bei 175 °C etwa 20 bis 25 Minuten backen, dann auskühlen lassen. Den Biskuitboden einmal waagerecht durchschneiden und um den unteren Rand einen Tortenring legen.
6 Blatt Gelatine	in kaltem Wasser einweichen.
325 g Himbeeren	verlesen, waschen, abtropfen lassen.
750 g Magerquark	mit Saft und der abgeriebenen Schale von
1 unbehandelte Zitrone	sowie
125 g Zucker	
1 Pck. Vanillezucker	glattrühren.
450 ml Sahne	steif schlagen.
	Die Gelatine ausdrücken, mit 2 Esslöffel Quarkmasse verrühren und darin auflösen. Nun unter die Quarkmasse rühren und die Sahne unterheben. Ein Drittel der Quarkcreme auf den unteren Biskuitboden streichen, mit etwa 250 g Himbeeren belegen und die restliche Quarkcreme darauf verteilen. Mit dem zweiten Boden bedecken und 6 Stunden (am besten über Nacht) kühl stellen.
150 ml Sahne	mit
1 Pck. Vanillezucker	steif schlagen. Die Torte mit einem kleinen Messer aus der Form lösen und mit Sahne, den restlichen Himbeeren und
Melisseblättchen	verzieren.

Himbeeren schmecken himmlisch.

Erdbeerrolle

Von Maria Anna Braun, Landau

6 Eiweiß	sehr steif schlagen.
6 Eigelb	mit
1 Pck. Vanillezucker	schaumig schlagen.
200 g Zucker	einrieseln lassen und etwa 5 Minuten rühren. Nun das geschlagene Eiweiß vorsichtig unterheben (nicht rühren).
160 g Mehl	darübersieben und vorsichtig unterheben. Den Teig auf einem mit Backpapier ausgelegten Blech verteilen und auf mittlerer Schiene bei 200 °C etwa 10 bis 12 Minuten backen. Den Biskuitboden nach dem Backen auf ein feuchtes Tuch stürzen, das Backpapier abziehen und den Boden mit einem feuchten Tuch bedecken.

Füllung

500 ml Sahne	mit
1 Pck. Vanillezucker	und
2 Pck. Sahnesteif	steif schlagen, die Masse auf die Biskuitplatte streichen. Dann
300 – 400 g Erdbeeren (geputzt)	klein schneiden und darauf verteilen. Die belegte Platte mit Hilfe des Tuches zur Rolle formen und mit
Puderzucker	bestäuben.

169

Burg Trifels bei Annweiler

Geilweiler Hof bei Siebeldingen

Kaffee – Entdeckung und Verbreitung

Von Eva Stähle, KFE Die Kaffeerösterei

Eine Legende erzählt von Ziegenhirten in den Bergen des Jemen, die sich wunderten, dass ihre Herde noch mitten in der Nacht fröhlich meckernd umhersprang und ihre Hüter um den Schlaf brachte. Alsbald entdeckten sie den Grund: Die Ziegen knabberten an den roten Früchten eines unbekannten Strauches. Die Hirten brachten Blätter und Früchte zu den Mönchen ins Kloster, doch auch sie kannten die Pflanze nicht, versuchten jedoch, aus den Kernen der Frucht einen Tee zu kochen. Sie kosteten den Sud und kamen als Erste in den Genuss des munter machenden Getränks.

Die Urheimat des Kaffeestrauchs liegt jedoch im Hochland von Äthiopien, in den Wäldern des Königreichs Kaffa. Dort wurden die Kirschen und Kerne der wild wachsenden Kaffeebäume zuerst von Nomadenstämmen gekaut. Sie schätzten die müdigkeitshemmende, leicht euphorisierende Wirkung, rösteten die Bohnen vermutlich aber noch nicht. Noch heute wachsen in den Regenwäldern Äthiopiens viele verschiedene Ursorten Wildkaffee.

Jemenitische Händler (oder waren es die Mönche?), die um die vitalisierende Wirkung der Kaffeekirschen wussten, nahmen wahrscheinlich im 12. oder 13. Jahrhundert einige Kaffeepflanzen aus dem abessinischen Hochland mit auf die arabische Halbinsel, um sie dort zu kultivieren und zu verkaufen. Ihr Erfolg war phänomenal, daher hielten die Jemeniten das Monopol auf Kaffee so lange wie möglich – angeblich Jahrhunderte. Auf dunklen Wegen sind dann doch einige Pflanzen außer Landes nach Indien geschmuggelt worden – der Grundstein für weltweiten Anbau.

In ganzen Orient sowie im großen osmanischen Reich, das bis vor die Tore Wiens reichte, erfreute sich »Kahwa« seit dem 15./16. Jahrhundert großer Beliebtheit bei den Sultanen, Scheichs und Geistlichen des Islam. Über die Handelsschifffahrt im Mittelmeerraum, speziell über Venedig, kam der Kaffee nach Europa.

Vor rund 300 Jahren begann der Kaffee seinen Siegeszug durch die Städte Europas. Es entstanden die ersten öffentlichen Kaffeehäuser. Diese fanden reichlich Zulauf durch Geschäfts- und Handwerksleute, Gelehrte und Künstler. So entwickelten sich die Kaffeehäuser schnell zu beliebten Informations- und Kommunikationszentren.

Nach Deutschland kam das beliebte Handelsgut Ende des 17. Jahrhunderts. Sehr schnell besteuerte Friedrich der Große den Kaffeegenuss mit der heute noch bestehenden Kaffeesteuer (zur Zeit 2,19 Euro/kg). Zum Alltagsgetränk der Deutschen wurde der Kaffee jedoch erst viel später. Deutsche Kaffeehäuser dienten der Kaufmannszunft als beliebte Versammlungsorte, waren aber meist Männern vorbehalten. Die Frauen gründeten später das »biedermeierliche« Kaffeekränzchen.

Wer mehr wissen möchte, der sollte einmal bei »KFE Die Kaffeerösterei« in den Räumen der ehemaligen Tankstelle an der Queichheimer Brücke in Landau vorbeischauen. Den Besucher erwartet ein umfassendes Kaffeesortiment wie: Mischungen, Espressi, sortenreine Kaffees, Raritäten sowie Bio-Kaffee. Alle Kaffees können vor Ort verkostet werden. In der Kaffeerösterei locken Geschenkideen mit und um den Kaffee. Infos, Mythen und Sinneslust rund ums braune Gold wird in Kaffeeseminaren mit Röstvorführungen angeboten. Und wer möchte, kann auch an einem Barista-Kurs teilnehmen. Dort lernt man, wie Profis Espresso, Cappuccino oder Latte Macchiato herstellen.

171

Der Kaffeebaum gedeiht auch im subtropischen Hochland.

Weihnachtsapfel-Kuchen

Von Juliane Kreutz, Heuchelheim

750 g Äpfel	schälen, in feine Würfel schneiden und mit
250 g Zucker	
250 g Rosinen	sowie
3 EL Rum	vermischen, über Nacht stehen lassen. Am nächsten Tag
150 g gehobelte Mandeln	mit
500 g Mehl	
1 EL Zimt	
2 Eier	sowie
1 Pck. Backpulver	zur Apfelmasse geben, gut verrühren und durchkneten. Eine längliche Backform (ca. 30 cm lang) mit Backpapier auslegen, den Teig einfüllen und 1 Stunde bei 180 °C (Unter- und Oberhitze) backen.

Schmeckt in der Advents- und Weihnachtszeit mit einem Gläschen Glühwein besonders gut.

Die Marienkirche in Landau ist die zweitgrößte Kirche des Bistums Speyer nach dem Speyerer Dom.

Himbeer-Nuss-Torte

Von Brigitte Schanne, Freisbach

150 g Mehl	mit
100 g Butter, 75 g Zucker	und
1 Ei	zu einem Knetteig verarbeiten und im Kühlschrank 30 Minuten ruhen lassen. Den Teig auf dem Boden einer Springform (Ø 26 cm) auslegen und bei 175 °C etwa 10 bis 12 Minuten backen. Für den Haselnussteig
3 Eiweiß	zu Schnee schlagen und
80 g Zucker	sowie
150 g fein gemahlene Haselnüsse	unterheben. Den Teig in eine mit Backpapier ausgelegte Springform füllen und bei 175 °C etwa 15 bis 20 Minuten backen. Anschließend abkühlen lassen und vom Backpapier abziehen.

Himbeerfüllung

1 Pck. roter Tortenguss	nach Anleitung zubereiten und
300 g Himbeeren (frisch oder TK)	unterheben.

Käsefüllung

500 g Quark	cremig rühren und
150 g Zucker	unterrühren.
6 Blatt Gelatine	nach Anweisung einweichen und ausdrücken.
500 ml Sahne	steif schlagen, die Gelatine einrühren und das Ganze unter die Quarkcreme heben. Anschließend kalt stellen.

Fertigstellung

	Den Knetteig dünn mit etwa der Hälfte der Quarkmasse bestreichen und den Nussteig daraufsetzen. Die restliche Quarkmasse darauf verteilen, darauf die Himbeermasse streichen.
1 Pck. roter Tortenguss	nach Anleitung zubereiten und über der Himbeermasse verteilen.

Dem Konditor über die Schulter geschaut: beim Beschriften der Lebkuchenherzen

Kuppeltorte mit Himbeeren

Von Hildegard Heberle, Rülzheim

5 Eier	mit
240 g feiner Backzucker	
1 Prise Salz	sowie
1 Pck. Vanillezucker	cremig aufschlagen.
180 g Mehl	mit
60 g Stärkemehl	und
1 Pck. Backpulver	mischen, über die aufgeschlagene Eiercreme sieben und unterheben. Den Biskuitteig in eine Tortenform (Ø 28 cm) füllen, glattstreichen und bei 180 °C etwa 40 Minuten backen.

> Backzucker ist besonders feinkörnig und löst sich leicht und schnell in der Teigmasse.

Füllung	In einem kleinen Topf
150 ml Sahne	erhitzen.
200 g Zartbitterkuvertüre	klein schneiden, zugeben und schmelzen. Darin
6 Blatt Gelatine (eingeweicht, ausgedrückt)	auflösen und das Ganze unter
800 ml steif geschlagene Sahne	ziehen. Den Biskuitboden zweimal waagerecht durchschneiden. Einen Boden mit
4 EL Himbeergelee	bestreichen und zusammenrollen. Die Kuppelbackform mit Klarsichtfolie auslegen. Die Kuppel mit einer Scheibe Biskuit auslegen und mit einem Drittel der Schokosahne einstreichen. Die Rolle mit Himbeergelee in gleichgroße Stücke schneiden auf die Schokosahne in die Kuppel legen. Wieder ein Drittel der Schokosahne darübergeben und darauf
250 g Himbeeren	verteilen. Die restliche Schokosahne darüber verteilen. Den dritten Biskuitboden auflegen und die Kuppeltorte kalt stellen. Die Torte aus Form lösen und auf eine Tortenplatte stürzen.
500 ml Sahne	steif schlagen und
Sofortgelatine	zufügen und damit die Kuppeltorte verzieren.

Deutsches Weintor in Schweigen-Rechtenbach

Silvesterkrapfen

Von Frau Mandel, Landau-Mörzheim

Nach alter Familientradition wurde das Fett der Weihnachtsgans für das Ausbacken der Silvesterkrapfen aufbewahrt.

> Füllen Sie einen Krapfen mit Senf. Wer diesen Krapfen erhält, ist das Glückskind im neuen Jahr.

2 Eier	mit
120 g Zucker, 500 ml Milch	und
1 Würfel Hefe (42 g)	sowie
30 g Salz, 250 g Quark	zu einem Teig verarbeiten und 1 Stunde ruhen lassen. Mit einem Löffel Portionen (Krapfen) aus dem Teig abstechen und in ausreichend Fett, bestehend aus
⅓ Schweineschmalz, ⅔ Gänsefett	goldgelb ausbacken. Anschließend in
Zucker	wälzen. Die Krapfen nun mit Hilfe einer Küchenspritze mit
Marmelade (Sorte nach Wahl)	füllen.

175

Karottentörtchen (für 10 bis 12 Törtchen)

Von Renate Kuntz, Hayna

4 Eigelb	schaumig rühren und
120 g Honig	
300 g geraspelte Karotten	und
250 g fein gemahlene Nüsse	unterheben.
4 Eiweiß	steif schlagen und mit dem Saft von
½ Zitrone	sowie
2 EL Vollkornmehl, 1 Prise Zimt	und
1 TL Backpulver	unter die Karotten-Masse ziehen. Jeweils 1 bis 2 Esslöffel vom Teig in ein Papierförmchen geben. Bei 160 °C auf der mittleren Schiene etwa 15 Minuten backen.

Mit Honig zu süßen ist eine Alternative.

Weinstraßenkuchen

Von Roswitha Klein, Gleisweiler

250 g Mehl	auf ein Backblech sieben und in der Mitte eine Mulde bilden. Dahinein
125 g Zucker	füllen und
125 g Butter	als Flöckchen auf dem Mehlrand verteilen. Alle Zutaten schnell von außen nach innen zu einem Mürbeteig verkneten. Einen Kloß formen und 1 bis 2 Stunden im Kühlschrank ruhen lassen. Den Teig anschließend in eine runde Form (Ø 28 cm) geben, mit den Fingern in der Form verteilen und einen 3 cm hohen Rand formen. Im Backofen bei 175 °C etwa 8 Minuten vorbacken. Für die Füllung aus
500 ml trockener Riesling	sowie
500 ml Apfelsaft	
4 – 5 EL Zucker	und
2 Pck. Vanillepuddingpulver	einen cremigen Pudding zubereiten.
1 kg Äpfel	schälen, klein schneiden und unter den Pudding heben. Die Masse auf dem vorgebackenen Boden verteilen und im Backofen bei 175 °C nochmals 1 Stunde backen. Anschließend in der Form erkalten lassen. Zuletzt
400 ml Sahne	steif schlagen und
4 cl Eierlikör	vorsichtig unterheben und auf dem Kuchen verteilen.

Blick von den Arzheimer Höhen in Richtung Leinsweiler Hof, im Hintergrund die Burg Trifels

Gretels Weihnachtskuchen

Von Regine Horn, Germersheim

375 g weiche Butter oder Margarine	schaumig rühren. Nach und nach
300 g Zucker	zugeben.
2 Pck. Vanillezucker	sowie
6 Eier	
½ Pck. geriebene Orangenschale	und
1 EL Orangensaft	unter Rühren hinzufügen.
250 g Mehl	mit
125 g Speisestärke	
2 TL Backpulver	sowie
100 g gemahlene Mandeln	mischen, zugeben und das Ganze zu einem Rührteig verarbeiten. Eine Napfkuchenform mit
Fett	ausstreichen und mit
50 g Semmelbrösel	ausstreuen. Den Teig in die Form füllen und bei 200 °C im vorgeheizten Backofen etwa 1 Stunde backen.

177

Guss

300 g Puderzucker	mit
3 EL Zitronen- oder Orangensaft	sowie
3 EL heißes Wasser	glattrühren, so dass eine dickflüssige Masse entsteht. Den erkalteten Kuchen mit dem Guss bestreichen und etwa
200 g abgezogene, ganze Mandeln	auf den Zuckerguss legen.

Meinem kleinen Freund Noah schmecken die Muffins.

Clever und Smart

Von Pierre Gonzales, Green Restaurant – Bar – Lounge, Landau

Mengenangaben für 1 Cocktail-Glas (400 ml)

2 Barschaufeln crushed Ice oder 15 Eiswürfel	mit
12 Himbeeren (geputzt, gewaschen)	sowie
8 Minzeblätter	
2 cl Zitronensaft	und
6 cl Grenadine-Sirup	in einen Mixer geben. Das Ganze gut pürieren und in ein Glas geben.

Je nach Wunsch mit Minzeblättchen dekorieren und mit einem breiten Strohhalm servieren.

178

Rathaus Landau mit der Prinzregent-Luitpold-Statue

Green Restaurant – Bar – Lounge in Landau

Himbeersaft

Von Peter Braun, Landau

Nicht nur das Einwecken und Einmachen von Fleisch und Gemüse gehörte zu den Tätigkeiten unserer Mütter und Großmütter. Das Herstellen von Getränken aller Art war fester Bestandteil in der jahreszeitlich bestimmen Hauswirtschaft. Hier nun ein altes Familienrezept, überliefert aus den 1920er Jahren.

3 Schoppen Himbeeren	in ein Porzellangefäß füllen. Mit
1,5 l Wasser	übergießen. Dann
60 g kristallisierte Weinsteinsäure	zufügen und über Nacht stehen lassen. Am nächsten Tag das Ganze durch ein Tuch streichen. Dann
1¼ Pfd. Zucker je 1 l Saft	hinzufügen, verrühren und noch einmal über Nacht stehen lassen. Anschließend in saubere Flaschen mit festem Verschluss füllen und ein paar Tage in die Sonne stellen.

Der Schoppen ist ein Pfälzer Maß für ein Getränkeglas und entspricht einer Mengeneinheit von 500 ml. Ein Pfund (Pfd.) entspricht 500 g.

179

Eines der schönsten Barockhäuser in Landau wurde 1740 erbaut.

Ostpark Landau zur goldenen Herbstzeit

Wissenswertes über Pfälzer Weine

Von Peter Hemmler

Über 60 Rebsorten werden an der Pfälzer Weinstraße beziehungsweise an der Südlichen Weinstraße angebaut. Die Pfalz ist das größte zusammenhängende Weinanbaugebiet in Deutschland. Tradition hat im Weinanbau Vorrang, aber auch neue Züchtungen haben Einzug gehalten und werden erfolgreich angebaut. Der Anbau von roten Trauben hat in den letzten Jahren besonders zugenommen. Trotzdem dominieren die weißen Traubensorten noch immer das Angebot der Winzer der Südlichen Weinstraße. Alle Rebsorten hier aufzuführen wäre zu umfassend, doch eine Auswahl der wichtigsten Reben möchte ich Ihnen kurz vorstellen.

Der Grüne Silvaner hat immer noch einen hohen Stellenwert unter den Rebsorten in der Pfalz. Die Weine haben einen dezenten Duft, milde Säure und eignen sich besonders zu Fisch und für deftige Pfälzer Spezialitäten. Der Grüne Silvaner stammt ursprünglich aus Transsilvanien, einer Region in Rumänien.

Der Müller-Thurgau ist eine Kreuzung aus Riesling und Madeleine. Die Traube wird früh reif, bei einem hohen Ertrag. Es entstehen milde und süffige Weine, die lange lagerfähig sind. Dieser Alltagswein harmoniert zu vielen Speisen. Namensgeber der Rebsorte ist ein Professor Müller, aus dem Thurgau in der Schweiz.

Der Kerner geht aus einer Kreuzung zwischen dem Roten Trollinger und dem Weißen Riesling hervor. Die Traube hat eine lange Reifungszeit. Die Weine sind oft von goldgelber Farbe, säurebetont, mit fruchtigem Hintergrund und eignen sich zu leichten Speisen.

Der Weiße Burgunder ist ein idealer Begleiter zu Fischgerichten und Krustentieren. Es handelt sich um eine anspruchsvolle Rebsorte hinsichtlich Boden und Klima. Dezente Früchtearomen sind charakteristisch für den Weißen Burgunder. Die Rebe liefert angenehme, leichte Sommerweine, die zu ebenso leichten Gerichten gut harmonieren.

Der Riesling gilt als Königin unter den Rebsorten, mit hohen Ansprüchen an Lage und Klima, bei später Reife. Seit dem 15. Jahrhundert ist der Anbau in der Pfalz und an der Südlichen Weinstraße dokumentiert. Der Wein zeichnet sich durch eine filigrane Säure, ein fruchtiges Bukett und lange Haltbarkeit aus. Aufgrund seiner blassgelben bis grünlich gelben Farbe und seiner rassigen Säure, ist er auch zur Verarbeitung zu Sekt geeignet. Riesling schmeckt zu allen leichten Speisen, wie zum Beispiel zu Fisch, Geflügel und Käse.

Grauer Burgunder bezeichnet eine Traube, die trocken ausgebaut wird. So entstehen Weine mit wenig Restzucker. Ruländer wird hingegen als lieblich ausgebaut bezeichnet. Der Graue Burgunder ist ein besonders ertragsreicher Wein, mit goldgelber bis bernsteingelber Farbe. Nussige Aromen und der Duft von Südfrüchten bilden seinen Charakter. Dieser Wein passt besonders zu Fisch-, Geflügel- und Lammgerichten.

Der Blaue Spätburgunder ist eine hochwertige Rebsorte, gilt als 181 Edelrebe unter den roten Rebsorten und ist allen bekannt als Pinot Noir – so der französische Ausdruck für Spätburgunder. Der Blaue Spätburgunder gilt als Spitzenwein aufgrund seiner besonderen Aromen. Es ist ein Wein, der erst nach Jahren der Reifung zum Hochgenuss wird. An der Südlichen Weinstraße wird dieser Wein im großen Holzfass (bis 1000 Liter und mehr), aber auch im Barrique (kleines Eichenholzfass mit 225 bis 230 Liter) ausgebaut.

Der Blaue Portugieser kam aus den südlichen Regionen Europas ab dem 18. Jahrhundert nach Deutschland. Diese Rebsorte liefert blumig duftende Weine von hellroter bis dunkelroter Farbe und samtiger Fülle. Der Blaue Portugieser passt sehr gut zu Wildgerichten, deftigen Braten und zu Käse.

Der Dornfelder ist eine Kreuzung aus Helfensteiner Rebe und Heroldrebe und wurde von August Herold gezüchtet. Die Rebsorte hat sich in den letzten Jahren zum Trendwein entwickelt. Dornfelder Weine sind tieffarbig, weisen eine ausgeprägte Beerenfrucht mit dichtem Körper auf und sind sehr vollmundig. Dornfelder Weine werden in der Pfalz gerne im Barrique ausgebaut.

Holunderblütensirup

Von Sonja Burg, Berufsbildende Schule Germersheim/Wörth

12 große Holunderblütendolden	ausschütteln, bei Bedarf vorsichtig waschen und abtropfen lassen.
2 unbehandelte Zitronen	waschen und in dünne Scheiben schneiden.
2 l Wasser	mit
2 kg Zucker	so lange kochen, bis der Zucker gelöst ist und die Lösung klar ist (Läuterzucker). Die Holunderblüten in ein großes Gefäß (mindestens 3,5 l Inhalt) geben und die Zitronenscheiben einschichten. Mit dem heißen Zuckersirup übergießen, abdecken und 5 Tage durchziehen lassen. Anschließend die Holunderblüten und Zitronenscheiben entfernen. Den Sirup durch ein Tuch gießen, in sterilisierte Flaschen füllen und kühl aufbewahren.

> Die Haltbarkeit beträgt etwa 3 Monate. Eine längere Haltbarkeit erreicht man durch Sterilisieren – etwa 15 Minuten bei 75 °C. Kinder trinken gerne Limonade mit Holunderblütensirup. Auch zu Speiseeis und anderen Desserts ist der Sirup eine harmonische Ergänzung.

Holunderblütenbowle

Von Clausdia, Marschall-Emanuel, Ilbesheim

5 Holunderblütendolden (ohne Stängel)	gründlich ausschütteln und 3 Stunden in ein Bowlengefäß mit
1 l Apfelsaft	legen. Vor dem Servieren die Blüten herausnehmen, bei Bedarf durch ein Sieb geben und den Saft von
1 Zitrone	hinzugeben. Mit
750 ml Rieslingsekt	auffüllen.

> Holundersaft und die Holunderbeeren gelten als natürliche Hausmittel gegen Erkältung, Nieren- und Blasenleiden sowie zur Stärkung von Herz und Kreislauf. Von Mai bis etwa Anfang Juli blüht der Holunder.

Rhabarberwein

Von Dagmar Schröer-Hemmler, Landau

Je älter der Wein ist, desto besser schmeckt er. Er ist klar, von gelblicher Farbe und hat champagnerähnlichen Geschmack. Neben der Freude an der Selbstbevorratung hat man ein gesundes und vorzügliches Getränk. Das Rezept stammt aus dem handgeschriebenen Kochbuch meiner Urgroßmutter und wurde von Herta Bretz aus der Sütterlinschrift übernommen.

Wenn der Rhabarber recht saftig ist, werden die Stängel geschnitten und am besten durch eine Hackermaschine getrieben. Auf

5 kg Rhabarber rechnet man etwa

9 l Wasser Nachdem man Wasser und Rhabarber in einer Wanne gemischt hat, lässt man das Ganze 5 Tage stehen und rührt gelegentlich um. Nach dieser Zeit wird der Saft von

2 Zitronen hinzugefügt. Nun nochmals 5 Tage stehen lassen. Am zweiten Tag gibt man

15 Blatt Gelatine (aufgelöst) dazu. Am fünften Tag entfernt man die Haut, die sich gebildet hat. Den Saft nun in ein Fässchen umfüllen. Über das Spundloch, welches offen bleibt, legt man ein Läppchen (Tuch), bis die Gärung vollständig abgeschlossen ist – was nach 14 bis 21 Tagen der Fall ist. Nun verkorkt man das Fass und nach ungefähr 6 Monaten kann man den Rhabarberwein in Flaschen füllen. In den Flaschen soll der Wein mindestens 4 Wochen lagern, bevor er verbraucht wird.

183

Der Autor bei einer anstrengenden Weinprobe im Weinberg von Nußdorf

Ottersheimer Bärenbräu – eine regionale Hausbrauerei

Von Peter Hemmler und Matthias Rüde

»Hopfen und Malz, Gott erhalt's.« Ein bekannter Leitspruch, der erkennen lässt aus welchen Grundstoffen das Bier gebraut wird. Noch heute wird das Bier in Deutschland nach dem Deutschen Reinheitsgebot von 1516 gebraut. Dieses besagt, das nur Hopfen, Malz, Hefe und Wasser zur Herstellung von Bier verwendet werden dürfen. Unter Malz versteht man eine im Keimen unterbrochene Getreideart. Die Deutschen Brauer verwenden überwiegend Gerste und Weizen. Helle und dunkle Biere entstehen durch die Verwendung von unterschiedlich behandeltem Malz. Eine weitere Charakteristik ist das Brauverfahren selbst. Man spricht von untergärigen und obergärigen Bieren. Dabei werden unterschiedliche Hefen verwendet.

184

Braumeister Rühde bei der Bierherstellung

Im Biergarten der Bärenbrauerei in Ottersheim

»Die Milch vom Bauer, das Bier vom Brauer.« So lautet der Leitspruch der Brauerei »Ottersheimer Bärenbräu«, eine kleine regionale Hausbrauerei in Ottersheim in der Südpfalz. Deren Biere sind naturbelassen, ohne Konservierungsstoffe, kellerfrisch und unfiltriert. Das Bier behält seine natürliche Hefetrübung und trägt so zum vollmundigen Aroma und zur Bekömmlichkeit bei. Alle wertvollen Inhaltsstoffe wie Mineralstoffe, Vitamine, Eiweiße und Hefen bleiben erhalten. Zum Brauen werden erstklassige Rohstoffe verwendet, wie Karamellmalze, Röstmalze, Münchener Malze und Farbmalze, die den Bieren einen edlen Charakter verleihen.

Wer die unterschiedlichen Bierarten kennenlernen möchte, sollte die Brauerei in Ottersheim in der Südpfalz besuchen. Die Liste der Aktions- und Saisonbiere ist lang. Es beginnt im Frühjahr mit einem Weizenbier sowie ein Frühlingsbier. Ein kräftiges Maibock erfreut im Wonnemonat Mai die Bierfreunde. Ein dunkles Weizenbier wird im Frühsommer gebraut; im Sommer folgt ein Erntebier. Ebenfalls im Sommer entsteht ein bernsteinfarbenes Vollbier unter dem Namen Vierkornbier. Zum Herbst bereichert ein Weizenbock das Angebot. Rechtzeitig in der Vorweihnachtszeit wird das Nikolausbier mit einer satten goldenen Farbe angeboten. Ab Dezember folgt als Winterbier ein süffiges, untergäriges Vollbier.

Ein gemütlicher, rustikaler und Schatten spendender Biergarten lädt ab Frühling bis Herbst den Besucher zum Verweilen ein. Eine Auswahl an schmackhaften, frisch zubereiteten Gerichten, die besonders gut zu den Bieren harmonieren, werden aus der eigenen Hausküche angeboten. Probieren Sie doch mal eine Dunkelbiersauce passend zu geschmorten Fleischgerichten – das Rezept »Schweinebraten mit Dunkelbiersauce« finden Sie auf Seite 90.

185

Big Bailey

Von Pierre Gonzales, Green Restaurant – Bar – Lounge, Landau

Mengenangaben für 1 Cocktail-Glas (400 ml)

2 Barschaufeln crushed Ice oder	
15 Eiswürfel	mit
4 cl Whiskey	und
4 cl Baileys	
4 cl Karamellsirup	
4 cl Sahne	sowie
1 EL ungesüßtes Kakaopulver	in einen Mixer geben. Das Ganze gut pürieren und in ein Glas füllen.

> Nach Belieben den Cocktail mit Kakaopulver bestäuben oder mit dunklen Schokosplittern bestreuen. Servieren Sie den Cocktail mit einem breiten Strohhalm.

Begriffserläuterungen

Abbacken / Ausbacken — Etwas in heißem Fett schwimmend backen.

Ablöschen — Das Angießen von scharf angebratenem oder geschmortem Fleisch oder Gemüse.

Abschmecken — Eine Speise mit den Grundgewürzen Salz, Pfeffer, Zucker usw. nach eigenem Geschmack würzen.

Andünsten / Anschwitzen — Ein Lebensmittel in heißem Fett leicht rösten, ohne es zu braten. Das Lebensmittel soll nur glasig werden, z.B. Zwiebeln.

Ausbraten / Auslassen — Den Speck so lange braten, bis das Fett herausgebraten ist.

Blanchieren — Zutaten in einen Topf mit kochendem Wasser geben und kurz köcheln lassen.

Garen / Köcheln — Eine Speise sollte nicht stark kochen. Die Hitzezufuhr muss so gedrosselt werden, dass nur ein leichtes Aufsteigen von Kochblasen zu sehen ist.

Gratinieren — Das Überbacken von Speisen.

Legieren — Ist das Binden und Verfeinern von Gerichten mit Eigelb. Das Ei oder Eigelb wird mit warmer Flüssigkeit vermischt und unter ständigem Rühren in die nicht mehr kochende Speise gegeben.

Karkasse — Aus dem Französischen: Carcasse für Gerippe. Karkasse nennt man das nach dem Tranchieren meist kleinerer Tiere zurückbleibende Knochengerüst samt eventuell anhaftender Fleischreste.

Marinieren — Ist das Einlegen von Lebensmitteln in eine gewürzte Flüssigkeit, um der Speise einen besonderen Geschmack und bessere Haltbarkeit zu verleihen.

Mehlschwitze — Traditionelles Bindemittel von Suppen und Saucen (Fett zerlassen und Mehl einrühren).

Parieren — Fleisch von Fett und Sehnen befreien.

Passieren — Flüssigkeiten durch ein Sieb oder Tuch geben.

Pürieren — Ein gares Lebensmittel wird stark zerkleinert. Früher war hierfür in vielen Haushalten die »Flotte Lotte« ein beliebtes Haushaltsgerät, z.B. um Apfelmus herzustellen.

Reduzieren — Flüssigkeit fast vollständig verkochen lassen (einkochen).

Stocken lassen — Das Garen von Eiern oder Eimasse, bei mäßiger Hitze im Topf oder Wasserbad, ohne dabei das Gargut umzurühren.

Wasserbad — Ist eine Methode, um Speisen indirekt mit Hitze zu versorgen. Dabei wird der Topf mit den Speisen in einen anderen Topf mit heißem Wasser auf den Herd gestellt.

Zerlassen — Butter oder Margarine in einer Pfanne oder einem Topf bei mäßiger Hitze schmelzen, aber nicht braun werden lassen.

Maße und Gewichte

1 gestr. EL Fett	15 g	1 Liter	1000 ml / 1000 ccm	
1 gestr. EL Mehl	10 g	¾ Liter	750 ml / 750 ccm	
1 geh. EL Mehl	15 g	½ Liter	500 ml / 500 ccm	
		⅜ Liter	375 ml / 375 ccm	
1 kleine Zwiebel	30 g	¼ Liter	250 ml / 250 ccm	
1 mittelgroße Zwiebel	50 g	⅛ Liter	125 ml / 125 ccm	
1 große Zwiebel	70 g			
		1 TL	5 ml	
1 kleine Kartoffel	70 g	1 EL	15 ml	
1 mittelgroße Kartoffel	120 g	1 Tasse	150 ml	
1 große Kartoffel	180 g			
½ kg	500 g			
1 kg	1000 g			

Abkürzungen

Msp.	Messerspitze
EL	Esslöffel
geh. EL	gehäufter Esslöffel
gestr. EL	gestrichener Esslöffel
TL	Teelöffel
geh. TL	gehäufter Teelöffel
gestr. TL	gestrichener Teelöffel
g	Gramm
kg	Kilogramm
ml	Milliliter
cl	Zentiliter
l	Liter
ccm	Kubikzentimeter
Pck.	Päckchen
°C	Grad Celsius
TK	Tiefkühlkost

Rezeptregister nach Kapiteln

Vorspeisen und Salate

Suppen und Eintöpfe

Kartoffelgerichte und Beilagen

Gemüsegerichte und Beilagen

Fisch aus Pfälzer Flüssen und Seen

Fleischgerichte

Eingewecktes und Marmeladen

Kuchen und Gebäck

Wein, Saft, Bier und Co.

Bildquellennachweis

Seite 3: Edition Limosa; 4: Frank Hetzer; 5 – 6: Peter Hemmler; 7: Birgitta Kuntz; 8: Kreisverwaltung Südliche Weinstraße/Büro der Landrätin; 9: Stadtverwaltung Landau in der Pfalz; 10 – 16: Peter Hemmler; 17: (gr) Cornelius Hemmler; 18: (gr) Frank Hetzer, (kl) Peter Hemmler; 19 – 20: Peter Hemmler; 21: (gr) Peter Hemmler, (kl) Wohlfühlhotel Alte Rebschule; 22 – 23: Peter Hemmler; 24 – 25: Ursula u. Johannes Schauer; 26 – 42: Peter Hemmler; 43: Alfons Konter; 44 – 49: Peter Hemmler; 50: Fotoatelier Ad Lumina/Ralf Ziegler; 52 – 56: Peter Hemmler; 57: Frank Hetzer; 58 – 61: Peter Hemmler; 62: Schlosshotel Bergzaberner Hof; 63 – 69: Peter Hemmler; 70: Interessengemeinschaft Kraut und Rüben Radweg e.V.; 71 – 74: Peter Hemmler; 75: Frank Hetzer; 76: Peter Hemmler; 77: (gr) Peter Hemmler, (kl) Wohlfühlhotel Alte Rebschule; 78 – 79: Peter Hemmler; 80: Karl-Emil Kunz; 81 – 84: Peter Hemmler; 85: Verein Südliche Weinstrasse Annweiler am Trifels e.V.; 86: Peter Hemmler; 87: Schweigener Hof; 88 – 89: Frank Hetzer; 90 – 111: Peter Hemmler; 112: Cornelius Hemmler; 113: Peter Hemmler; 114: Frank Hetzer; 115: Peter Hemmler; 116: Frank Hetzer; 117: (gr) Peter Hemmler, (kl) Frank Hetzer; 118: Fotoatelier Ad Lumina/Ralf Ziegler; 119 – 120: Peter Hemmler; 121: (gr) Frank Hetzer, (kl) Peter Hemmler; 122 – 123: Frank Hetzer; 124 – 125: Peter Hemmler; 126: PH/Verein Südliche Weinstrasse Annweiler am Trifels e.V.; 127 – 132: Peter Hemmler; 133: (gr) Deutsches Weintor; 134 – 147: Peter Hemmler; 148: Wikimedia Commons/Kallistratos; 149 – 153: Peter Hemmler; 155: Cornelius Hemmler; 156 – 163: Peter Hemmler; 164: (gr) Peter Hemmler, (kl) Peter Niesel; 165 – 166: Peter Hemmler; 167: Verein Südliche Weinstrasse Annweiler am Trifels e.V.; 168: Peter Hemmler; 169: (gr) Verein Südliche Weinstrasse Annweiler am Trifels e.V., (kl) Peter Hemmler; 170 – 171: KFE Landau; 172 – 175: Peter Hemmler; 176: Frank Hetzer; 177: Peter Hemmler; 178: (gr) md Unternehmensgruppe Landau, (kl) Peter Hemmler; 179: (gr) Peter Hemmler, (kl) Frank Hetzer; 180 – 181: Peter Hemmler; 183: Dagmar Schröer-Hemmler; 184: Marcus Scheuermann

Umschlag vorne, oben: Peter Hemmler; Umschlag vorne, v.l.: Peter Hemmler, LandFrauenverband Pfalz e.V., Peter Hemmler, Ursula u. Johannes Schauer; Umschlag hinten, v.l.: Peter Hemmler (4)